leer y escribir en la escuela:

lo real, lo posible y lo necesario

Delia Lerner

biblioteca para la actualización del maestro

leer y escribir en la escuela:

lo real, lo posible y lo necesario

Delia Lerner

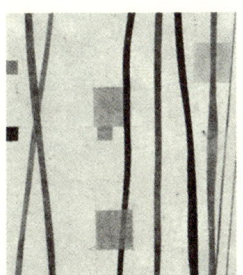

biblioteca para la actualización del maestro

Esta edición de *Leer y escribir en la escuela* en la Biblioteca para la Actualización del Maestro estuvo a cargo de la Dirección General de Materiales y Métodos Educativos de la Subsecretaría de Educación Básica y Normal.

© Fondo de Cultura Económica, 2001
   Primera edición SEP / Fondo de Cultura Económica, 2001
   Primera reimpresión SEP / Fondo de Cultura Económica, 2003
   Segunda reimpresión SEP / Fondo de Cultura Económica, 2004

Coordinación editorial
Elia García

Diseño de portada
Alejandro Portilla de Buen

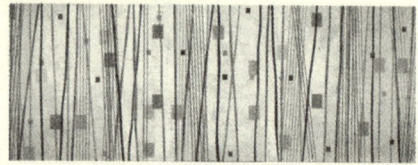

Ilustración de portada
Canción pigmea I, 1993,
Francisco Castro Leñero (1954),
acrílico sobre tela, 90 × 300 cm
(fragmento), colección
particular.

Fotografía
Gerardo Hellion

D.R. © Secretaría de Educación Pública, 2001
    Argentina 28, Centro,
    06020, México, D.F.

ISBN: 968-16-7168-6 FCE
ISBN: 970-18-7246-0 SEP

Impreso en México

DISTRIBUCIÓN GRATUITA-PROHIBIDA SU VENTA

Prohibida su reproducción por cualquier medio mecánico o electrónico sin autorización.

PRESENTACIÓN

La Secretaría de Educación Pública edita la Biblioteca para la Actualización del Maestro con el propósito de apoyar al personal docente y directivo de los tres niveles de educación básica en el desempeño de su valiosa labor.

Los títulos que forman parte de esta Biblioteca han sido seleccionados pensando en las necesidades más frecuentes de información y orientación, planteadas por el trabajo cotidiano de maestros y directivos escolares. Algunos títulos están relacionados de manera directa con la actividad práctica; otros responden a intereses culturales expresados por los educadores, y tienen que ver con el mejoramiento de la calidad de la educación que reciben los niños y jóvenes en las escuelas mexicanas.

Los libros de este acervo se entregan de manera gratuita a los profesores y directivos que lo soliciten.

Esta colección se agrega a otros materiales de actualización y apoyo didáctico, puestos a disposición del personal docente de educación básica. La Secretaría de Educación Pública confía en que esta tarea resulte útil y espera las sugerencias de los maestros para mejorarla.

SECRETARÍA DE EDUCACIÓN PÚBLICA

Prólogo

Éste es un libro necesario. Un libro nutrido en la acción y en la reflexión. Libro abierto, inacabado, cuestionador, hecho para la interlocución. Libro que yo recomendaría leer en grupo porque está compuesto de textos que fueron escritos para ser escuchados por interlocutores con los cuales Delia dialoga desde una tensión permanente entre comprensión e incomprensión, ya que esos interlocutores (reales o potenciales) comparten anhelos pero no necesariamente prácticas y reflexiones.

La oportunidad de estos textos, hechos para un público latinoamericano, es innegable. Todos ellos están centrados en la comprensión y transformación de la práctica docente en alfabetización en educación básica. Veinte años han transcurrido desde la publicación de *Los sistemas de escritura en el desarrollo del niño*[1] y en ese periodo asistimos a una serie de asimilaciones (muchas de ellas deformantes) de los conocimientos allí expuestos. Ninguna de las situaciones de indagación psicolingüísticas presentadas en ese libro tiene intención didáctica pero la simplicidad de casi todas las tareas propuestas a los niños es tal que, inevitablemente, suscitaron en los lectores atentos (en las lectoras atentas) la inquietud de la réplica. Por ejemplo, ¿qué más simple que estimular a un niño para que escriba una serie de palabras que aún no le

---

[1] E. Ferreiro y A. Teberosky (1979) *Los sistemas de escritura en el desarrollo del niño*. México, Siglo XXI Editores.

enseñaron a escribir? Muchas maestras lo intentaron y cuando descubrieron que en sus grupos escolares había niños que replicaban las respuestas de Javier, Romina, Griselda y Omar (para citar algunos de los nombres que están en esas páginas), fueron convencidas por sus propios alumnos.

Y entonces comenzó la angustia. Si así son los niños, si así es el proceso de adquisición de la lengua escrita, ¿qué tiene que hacer la maestra? "Respetar el proceso" fue una primera respuesta (que casi se convirtió en eslogan). O sea, si el niño pasa a ser el actor principal, el docente se siente desplazado y se repliega, convirtiéndose en espectador.

Eso no es lo que hicieron quienes mejor asumieron el desafío de compartir el rol protagónico con sus niños, quienes pusieron la noción de *proceso* en el centro mismo de sus prácticas y asumieron que si bien la maestra es quien más sabe, los niños también tienen saberes provenientes de fuentes diversas, y todos (incluida la maestra) pueden seguir su proceso de alfabetización, a condición de que acepten utilizar el tiempo escolar para funcionar "a su mejor nivel".

Yo he dicho insistentemente que "un nuevo método no resuelve los problemas". Pero la reflexión didáctica es otra cosa. Y una vez que logramos restituir de pleno derecho al actor principal de su proceso de aprendizaje, que es el niño mismo, es preciso conceptualizar los cambios que tienen lugar en el ámbito escolar cuando se complejiza la noción de "lengua escrita", cuando no se confunden enseñanzas con aprendizajes y cuando se acepta (evidencias mediante) que el sujeto del aprendizaje asimila, crea, construye, y que sus asimilaciones, sus creaciones intelectuales, sus construcciones cognitivas, tienen un extraordinario potencial pedagógico.

Este libro testimonia un esfuerzo constante por analizar y teorizar sobre los cambios en las prácticas docentes y sobre las acciones necesarias para que dichos cambios ocurran. Un lector ingenuo puede encontrar extraño que se le hable de su práctica en términos que no son coloquiales ni simplistas. Pero así debe ser cuando "lo didáctico" pretende ser elevado a un saber ajustado a criterios de rigor científico.

Delia nos propone comenzar por un texto-síntesis que resume de manera apretada temas que se irán desplegando en los capítulos sucesivos. En su reflexión, Delia incorpora fuertemente el pensamiento francés de una corriente conocida como Didáctica de las Matemáticas, cuyos representantes principales, citados por ella misma, son Brousseau y Chevallard. Y aquí se pone de manifiesto el doble interés de Delia en los aprendizajes básicos –Lengua y Matemáticas– que determinan el éxito o fracaso escolar inicial. Ella actualiza conceptos fundamentales de esta corriente de pensamiento como el de "contrato didáctico" y el de "transposición didáctica", tratando, sin embargo, de encontrar su propia especificidad en el caso de la lengua escrita.

Este prólogo debería terminar aquí, ya que la invitación al lector ha sido hecha y la justificación de la pertinencia y oportunidad de la obra también ha sido señalada. Sin embargo, he querido agregar una segunda parte (poco convencional, si se quiere) a este prólogo precisamente para dar testimonio de lo que he seguido pensando después de haber leído y continuado, a través de esa lectura, un diálogo de años con Delia, hecho en los auditorios y en los cafés, en los aeropuertos y en los congresos, cara a cara y por correo electrónico. Como lo que sigue no es parte del prólogo (pero se quedaría sin ser dicho si no lo pongo acá), invito al lector a dejarlo de lado y, en todo caso, volver a este "anexo al prólogo" una vez que haya leído el libro. Finalmente, la mejor recomendación que se puede hacer a un libro es mostrar que ayuda a seguir pensando.

Anexo y continuación de la conversación

Ya he dicho que este libro está abierto a la interlocución. Después de haberlo leído me planteo nuevos interrogantes, algunos de los cuales me parece pertinente exponer aquí, precisamente para poner de manifiesto que este libro, por fuerza polémico, nos permite entrar en una discusión que, en América Latina, apenas si empieza a esbozarse, y que es muy necesaria.

La noción de *intervención docente*. En estos capítulos dicha intervención es conceptualizada fundamentalmente en términos de "decir" o "hacer". Pero el *silencio* puede ser conceptualizado no como una ausencia de intervención sino como un tipo particular de intervención, muy poderosa en ciertos casos porque puede suscitar un interrogante nada banal en los alumnos: "¿por qué la maestra se mantuvo callada?" Creo que el silencio como intervención pedagógica merece ser considerado explícitamente. Entendámonos: no cualquier silencio, ya que hay de silencios a silencios... No es el silencio del *laissez faire* ni el silencio del desconcierto total por parte del docente. Me refiero, por ejemplo, a ciertos momentos (que Delia y otras colegas conocen bien) donde la maestra asume concientemente el tiempo necesario para que los chicos encuentren una solución, o cuando ella se pone junto al grupo en actitud de reflexionar. Conceptualizar adecuadamente esas "intervenciones silenciosas" me parece que forma parte de ese esfuerzo global de conceptualización de la práctica al que nos invitan estas páginas.

La noción de *transposición didáctica*, o sea, tal como se dice en el capítulo 2, "el saber que se modifica al ser comunicado, al ingresar en la relación didáctica". Delia tiene muy claro que esa transposición no es una justificación para alejar el saber escolar del saber *tout court*, o sea, del estado del conocimiento de las disciplinas de referencia. Digo esto porque han empezado a circular "versiones libres" de la *transposición didáctica*, que sirven para justificar un modo de pensar en los contenidos escolares que simplemente no se preocupa por su relación con la ciencia constituida. Por el contrario, quien se ocupe de la didáctica (de cualquiera de los contenidos escolares) debe tener muy claro cuál es el estado del conocimiento de la ciencia que se trata de enseñar. Esto, que me parece fundamental para cualquier contenido escolar, es sin embargo motivo de serios cuestionamientos en el caso de la didáctica de la lengua materna, por lo que veremos a continuación.

Si el *contenido didáctico* se identifica con "nociones gramaticales y literarias", la didáctica de la lengua enfrenta ciertos problemas, ya que hay teorías gramaticales concurrentes con francas oposiciones entre sí (piénsese, por ejemplo, en las distintas acepciones actuales de la noción de *oración*), tanto como hay diferentes y contrastantes concepciones de *teoría literaria*. Pero Delia nos propone pensar en otro contenido de la didáctica de la lengua materna (cap. 3), donde las prácticas sociales de lectura y escritura definen un nuevo objeto de enseñanza que conduce a ese otro objeto, "la lengua", cuya realización como "lengua escrita" es realidad ineludible en el ámbito escolar. Dicho en términos más simples: si la escuela asume plenamente su función social de formar lectores y productores de texto, las prácticas sociales vinculadas con los usos de la lengua escrita no pueden ser periféricos sino centrales al programa escolar. (En lugar de enseñar gramática con la pretensión de que eso "ayude a escribir" y mostrar bellos textos con la pretensión de que eso "ayude a formar juicios estéticos en relación con la lengua y a valorar el 'buen decir'", lo que se propone es una reflexión gramatical "en acto" y una reflexión explícita pero no teórica sobre la lengua en actividades de corregir, comparar, utilizar modelos, etc.) Veo con simpatía e interés ese cambio de foco, creo que es sumamente oportuno e innovador, pero en términos de la *transposición didáctica* me pregunto: ¿cuál es la ciencia que se ocupa de la conceptualización de las prácticas de lectura y escritura? Por suerte disponemos de la obra de historiadores que nos informan de la evolución de dichas prácticas (pienso en europeos como Roger Chartier y Armando Petrucci, que han contagiado su entusiasmo, afortunadamente, a múltiples seguidores). ¿Será acaso la historia la disciplina de referencia, al menos por contraste? ¿O bien la didáctica está interpelando a la sociología o a la antropología de la lectura y la escritura para que contribuyan a construir sus parámetros de referencia? Delia es consciente de la dificultad cuando nos dice que "las prácticas actuales serán objeto en el futuro de nuevos estudios desde la perspectiva sociológica e histórica. Mientras tanto [...] resulta necesario recurrir a un análisis intuitivo y no tan riguroso como sería deseable de algunos aspectos de las prácticas, de los quehaceres de lectores y escritores" (cap. 3). Es precisamente ese recurso a un "análisis intuitivo" de las prácticas contemporáneas lo que resulta problemático, más aún en momentos de rápidos cambios en esas mismas prácticas (pienso en las prácticas de lectura y escritura a través de un procesador de palabras y en la "navegación" en internet.[2] Lo que acabo de decir no invalida —entiéndase bien— el interés del planteo curricular expuesto ni su pertinencia actual. Me refiero exclusivamente a los problemas teóricos vinculados con un cambio de foco en la concepción del "objeto de enseñanza".

---

[2] E. Ferreiro (2001), *Pasado y presente de los verbos leer y escribir*, Buenos Aires, Fondo de Cultura Económica.

Ya que acabo de referirme a la historia y a la transposición didáctica, quisiera vincular ambos términos. El concepto mismo de "transposición didáctica" alude a una relación entre un saber constituido fuera de toda referencia a sus condiciones de transmisión, y la transmisión de ese mismo saber a las nuevas generaciones. Sugiere, por tanto, una relación entre una fuente de legitimidad (la ciencia) y una situación de transmisión (didáctica) que genera condiciones particulares de inscripción para dicho saber. En consecuencia, una relación unilateral. Sin embargo, la historia de la "gramática escolar" en Francia pareciera haber invertido dicha relación. Hay un texto de André Chervel (1977)[3] que merecería atención, al menos por lo provocativo de su posición y por lo cuidadoso de su trabajo de documentación. Chervel –que es historiador y no didacta– dice, en pocas palabras, lo siguiente: la gramática escolar se presenta como una corriente gramatical particular (por tanto, vulgarización o transposición de una producción científica), cuando en realidad se trata de una construcción (en el sentido de fabricación) de un modo de análisis del francés con el único objetivo de enseñar la ortografía peculiar del francés. Chervel lo dice con palabras muy fuertes (que traduzco):

> Era necesario enseñar la ortografía a todos los niños franceses [...] Para esta tarea se creó la institución escolar. Para esta tarea, la institución escolar se dotó de un instrumento teórico, de una concepción global de la lengua que presentó arbitrariamente como la justificación de la ortografía. (p. 27)
>
> ... la gramática escolar no ha tenido nunca otra razón de ser que servir de auxiliar pedagógico a la enseñanza de la ortografía [...] la gramática escolar, y sólo ella, ha permitido canonizar la ortografía iden-

---

[3] A. Chervel (1977), ... *et il fallut apprendre à écrire à tous les petits français* – *Histoire de la grammaire scolaire*, París, Payot.

tificando en la mente de las personas la ortografía francesa con la lengua francesa. (p. 28)

Nos faltan en español estudios provocativos como éste para entender mejor la relación entre las conceptualizaciones escolares y los saberes disciplinarios.

Finalmente, *el tiempo*. La distribución del tiempo didáctico es una constante a través de los capítulos de este libro. Por una parte, porque Delia sostiene que hay que distinguir y diferenciar sin parcializar las prácticas. Por otra, porque el tiempo didáctico debe distribuirse entre actividades colectivas, grupales e individuales, las cuales, a su vez, pueden pertenecer a proyectos, secuencias de actividades o actividades habituales. Esta doble distribución del tiempo didáctico (según la cantidad de actores involucrados y según la índole de la tarea, donde los proyectos, que son actividades de largo plazo con un producto tangible, merecen una consideración particular) es muy justificada. Aprovechar al máximo el tiempo didáctico y aprender a controlarlo y potencializarlo es, sin duda, una variable de la mayor importancia en la reflexión didáctica. Y en ese mismo punto se suscita una pregunta, que no es nueva sino recurrente: ¿cuál es el tiempo de la capacitación del maestro? Delia (y todos los que comparten su filosofía de capacitación) nos hablan de un acompañamiento (promedio) de dos años, que incluye necesariamente un trabajo sobre registros de aula, es decir, una discusión sobre la práctica efectiva. Me rindo a las evidencias y acepto las dificultades de cualquier sujeto (niño o adulto) para cambiar sus esquemas conceptuales. Pero tengo la angustia de los tiempos impuestos por otros. La angustia de un momento específico de nuestra historia presente donde cambios tecnológicos sumamente veloces (y poderosos) exigen respuestas inmediatas para necesidades mal resueltas en el pasado inmediato. Tengo miedo a que un modelo de capacitación (correcto en lo conceptual) aparezca como inadecuado frente al pragmatismo de la inmediatez. Sin embargo, conviene apostar a que el propio avance del conocimiento didáctico sugerirá formas diferenciadas de capacitación (incluyendo una incorporación de las nuevas tecnologías disponibles) y que llegará el día en que podremos aprovechar el tiempo de formación del maestro previo a su entrada en servicio.

Que la discusión siga y que el conocimiento avance para que podamos actuar mejor y garantizar así el derecho a la alfabetización de todos los niños.

EMILIA FERREIRO
México, mayo de 2001

Variaciones sin fuga

Antes de dedicarse de lleno a la educación, Delia Lerner tocaba el piano. Uno de sus compositores favoritos era –y sigue siendo– Johann Sebastian Bach, el maestro del arte de la fuga y el más alto exponente del arte de las variaciones.

Delia me contó esto durante una charla en la que le comenté la impresión que me causó la lectura de los textos, entonces dispersos, que integran este libro: la de estar ante un pensamiento construido a la manera de las variaciones en música.

El tema –esencial y de la mayor importancia para todo aquel que trabaja en la educación– está enunciado en el título del libro, leer y escribir en la escuela: lo real, lo posible y lo necesario. Pero este tema es en realidad la variación de un tema de mayor interés para todo aquel que está preocupado por la construcción de una sociedad democrática. Deliberadamente elijo presentarlo en forma interrogativa: ¿puede la escuela propiciar el surgimiento de otras relaciones de poder en la sociedad?

Como editor que soy, durante mucho tiempo intenté convencer a Delia de que dejara sus múltiples ocupaciones para consagrarse a escribir una obra que imaginé sesuda y definitiva. Pero, aunque la escritura es una parte esencial de su vida –un desafío constante y una fuente esencial de conocimiento–, Delia no quiere abandonar todo para volcarse a escribir, pues sostiene que si se quiere escribir sobre educación no es aconsejable distanciarse totalmente del aula: "Mis escritos son instrumentos de batalla, son maneras de luchar por lo que deseo para la educación en general y para la formación de lectores y escritores en particular", me dijo en una ocasión. Por eso, Delia optó por otra vía y se propuso abordar el tema de manera paulatina, ensayando diversas estrategias y perspectivas, ideas y lecturas, probando programas y proyectos, hablando, escuchando y discutiendo con colegas, maestros y niños. Por eso sus escritos transpiran esa mezcla de sudor del aula, rumia y discusión de ideas, observaciones y teorías, que le dan su valor tan peculiar.

Atravesando los diferentes niveles y ámbitos del sistema educativo, el libro acoge y analiza los diferentes conflictos que genera en la escuela la tensión entre la conservación y el cambio. Su voluntad de comprender lo que ahí sucede sólo es comparable con la tenacidad con la que muestra las posibilidades de transformación abiertas para aquel que en verdad está decidido a asumir los retos de la formación de lectores y escritores. Y en un campo donde ha privado el voluntarismo, la planeación alejada del conocimiento de las condiciones de instrumentación o la claudicación ciega, esta postura —que en último caso busca la construcción teórica a partir del análisis sistemático y riguroso de la experiencia— debe ser saludada.

Planteamiento y variaciones, este libro no sólo expresa con claridad la forma en que Lerner plantea los desafíos que enfrenta la escuela para hacer de ella una comunidad de lectores y escritores, sino que re-presenta el proceso. Como en la música que se expresa siempre a sí misma, aquí se escenifica una propuesta, no sólo se habla de ella. Paradójicamente, al internarse en este libro el lector comprende que no podrá abordar la transformación de las prácticas de escritura y lectura en la escuela a través de la lectura de un libro (sea éste o cualquier otro), por lo menos no de la lectura, lineal y solitaria, a la que nos hemos acostumbrado. Pues sin duda hay que leer para formar lectores y escritores, pero sobre todo hay que releer, conversar, pensar, discutir, ensayar, jugar y analizar… y volver a hacerlo muchas veces.

Como nos acontece al escuchar a Bach, el arte de las variaciones de este libro genera en el lector la impresión de estar ante una obra que es además el anuncio de una obra siempre por-venir, y una invitación a continuarla: es sin duda una sutil manera de permanecer horadando el tiempo y lo establecido. La nobleza de la propuesta de Delia es que sus variaciones alcanzan a plasmar caminos para transformar lo real desde un mayor involucramiento en él. Son variaciones sin fuga.

La edición de este libro debe mucho a la inteligencia de dos amigas y lectoras de Delia, Graciela Quinteros y Mirta Castedo, con quienes discutí esta obra en diversos momentos de su elaboración. Quiero dejar patente mi reconocimiento y mi gratitud.

Daniel Goldin

Nota introductoria

> Algunos libros se anuncian como un relámpago súbito y otros, por el contrario, llevan décadas madurando sus páginas. Con El instinto de Inez, por ejemplo, yo estoy seguro de que todo comenzó durante mi adolescencia en Buenos Aires (...).
>
> Carlos Fuentes, al presentar en Barcelona su última novela –la última de este siglo, según él mismo afirma–. Citado por Rodrigo Fresán, en Página 12, Buenos Aires, abril 6, 2001.
>
> La presente edición se consagra en mayor medida aún a esa tarea de apilamiento de textos, cosa que no desagrada al autor. Porque el texto del saber nunca es otra cosa que una colección de piezas y fragmentos cosidos más o menos prolijamente.
>
> Yves Chevallard. La transposición didáctica. Prefacio a la segunda edición. Marzo de 1991.

Poner el punto final. Permitir que el libro emprenda su propio camino y vaya a encontrarse con ustedes, sus lectores. Escribir unas palabras para presentarlo, para acompañarlo al mismo tiempo que lo dejo ir. Contar su historia, hablar de las intenciones que lo animan, de las inquietudes que palpitan en sus páginas...

Este libro se tomó su tiempo. Tiempo de construcción, de escritura y reescritura. Tiempo necesario para plasmar de manera orgánica ideas elaboradas y reelaboradas durante casi una década, para coser prolijamente con costuras invisibles varios textos producidos durante ese periodo, para reescribir los artículos originales hasta convertirlos en capítulos.

Las ideas que atraviesan el libro son producto de muchos años de investigación en el aula, de la interacción con muchos maestros en diversas instancias de formación continua, de los problemas planteados por el diseño curricular y las respuestas elaboradas para resolverlos, de las discusiones constantes con colegas de diferentes países, del diálogo sostenido a través de los textos con la producción pionera de la Didáctica de la Matemática.

Contribuir a instalar en la escuela las prácticas de lectura y escritura como objetos de enseñanza, comprender por qué resulta tan difícil producir transformaciones profundas en la institución escolar –esas transformaciones que son imprescindibles para que todos los alumnos lleguen a ser lectores y escritores–, elaborar herramientas que permitan superar estas dificultades... son intenciones esenciales que los lectores reencontrarán a lo largo de estas páginas.

Profundizar en el estudio de la problemática didáctica, producir conocimientos rigurosos acerca de la enseñanza y el aprendizaje del lenguaje escrito, hacer aportes para la constitución de la didáctica de la lectura y la escritura como un campo del saber... son preocupaciones siempre presentes, son propósitos que han orientado todos y cada uno de los análisis realizados.

Transformar los artículos originales en capítulos de un libro fue un arduo trabajo. Era necesario establecer relaciones, evitar repeticiones, reunir hilos dispersos, tejer una trama apretada y coherente. Fue posible hacerlo porque, aunque se centraban en temas diferentes, todos los textos estaban inspirados por propósitos similares, todos constituían ladrillos de una "obra en construcción".

Mientras tejía la trama, los capítulos iban cambiando de lugar. Cada cambio permitía entrever nuevas relaciones, generar nuevos sentidos, revelar matices antes insospechados.

El orden actual está muy lejos del orden cronológico en que fueron producidas las versiones anteriores de estos textos. Tan lejos que el primer capítulo se basa en el texto más reciente (una síntesis de las ideas que ya habían sido expuestas en artículos previos). Ubicarlo al principio permite anticipar las cuestiones esenciales que se despliegan en los capítulos sucesivos, pero esa anticipación corre el riesgo de ser poco explícita. Al recorrer los capítulos siguientes, los lectores podrán ir adentrándose en la problemática y en las propuestas anunciadas desde diferentes perspectivas: el análisis crítico de la enseñanza usual y la reflexión sobre las herramientas que pueden transformarla; el diseño curricular; el trabajo en la institución escolar; la formación continua de los docentes.

Seguramente, los capítulos seguirán cambiando de lugar. Seguramente, cada lector construirá su propio itinerario, podrá ir y venir de un capítulo a otro, hacer diferentes trayectos, encontrar o crear nuevas relaciones, construir respuestas para sus propias preguntas...

Les confío entonces mi libro. Lo dejo en buenas manos. Sé que, al leerlo, ustedes lo reescribirán y que podremos trabajar juntos en esta obra en construcción.

Agradezco a Johanna Pizani su inteligente colaboración durante el proceso de escritura de este libro.

DELIA LERNER

Capítulo 1
Leer y escribir en la escuela: lo real, lo posible y lo necesario[1]

Leer y escribir... Palabras familiares para todos los educadores, palabras que han marcado y siguen marcando una función esencial –quizá *la* función esencial– de la escolaridad obligatoria. Redefinir el sentido de esta función –y explicitar, por tanto, el significado que puede atribuirse hoy a esos términos tan arraigados en la institución escolar– es una tarea ineludible.

Enseñar a leer y escribir es un desafío que trasciende ampliamente la alfabetización en sentido estricto. El desafío que hoy enfrenta la escuela es el de incorporar a todos los alumnos a la cultura de lo escrito, es el de lograr que todos sus exalumnos lleguen a ser miembros plenos de la comunidad de lectores y escritores.[2]

Participar en la cultura escrita supone apropiarse de una tradición de lectura y escritura, supone asumir una herencia cultural que involucra el ejercicio de diversas operaciones con los textos y la puesta en acción de conocimientos sobre las relaciones entre los textos; entre ellos y sus autores; entre los autores mismos; entre los autores, los textos y su contexto...

Ahora bien, para concretar el propósito de formar a todos los alumnos como practicantes de la cultura escrita, es nece-

---

[1] Una primera versión de este capítulo introductorio fue presentada como *abstract* de la conferencia dictada en el marco de las jornadas sobre Historia, usos y aprendizaje del lenguaje escrito, realizadas en Vigo, España, en mayo de 1998.

[2] El término "escritores" es utilizado aquí en un sentido general: no se refiere sólo a los escritores profesionales sino a todas las personas que utilizan activa y eficazmente la escritura para cumplir diversas funciones socialmente relevantes.

sario reconceptualizar el objeto de enseñanza y construirlo tomando como referencia fundamental las prácticas sociales de lectura y escritura.[3] Poner en escena una versión escolar de estas prácticas que guarde cierta fidelidad a la versión social (no escolar) requiere que la escuela funcione como una microcomunidad de lectores y escritores.

Lo *necesario* es hacer de la escuela una comunidad de lectores que acuden a los textos buscando respuesta para los problemas que necesitan resolver, tratando de encontrar información para comprender mejor algún aspecto del mundo que es objeto de sus preocupaciones, buscando argumentos para defender una posición con la que están comprometidos o para rebatir otra que consideran peligrosa o injusta, deseando conocer otros modos de vida, identificarse con otros autores y personajes o diferenciarse de ellos, correr otras aventuras, enterarse de otras historias, descubrir otras formas de utilizar el lenguaje para crear nuevos sentidos... Lo necesario es hacer de la escuela una comunidad de escritores que producen sus propios textos para dar a conocer sus ideas, para informar sobre hechos que los destinatarios necesitan o deben conocer, para incitar a sus lectores a emprender acciones que consideran valiosas, para convencerlos de la validez de los puntos de vista o las propuestas que intentan promover, para protestar o reclamar, para compartir con los demás una bella frase o un buen escrito, para intrigar o hacer reír... Lo necesario es hacer de la escuela un ámbito donde lectura y escritura sean prácticas vivas y vitales, donde leer y escribir sean instrumentos poderosos que permitan repensar el mundo y reorganizar el propio pensamiento, donde interpretar y producir textos sean derechos que es legítimo ejercer y responsabilidades que es necesario asumir.

---

[3] Los problemas involucrados en la construcción del objeto de enseñanza serán tratados en el tercer capítulo.

Lo *necesario* es, en síntesis, preservar el sentido del objeto de enseñanza para el sujeto del aprendizaje, lo necesario es preservar en la escuela el sentido que la lectura y la escritura tienen como prácticas sociales para lograr que los alumnos se apropien de ellas y puedan incorporarse a la comunidad de lectores y escritores, para que lleguen a ser ciudadanos de la cultura escrita.

Lo *real* es que llevar a la práctica lo necesario es una tarea difícil para la escuela. Conocer las dificultades y comprender en qué medida se derivan (o no) de necesidades legítimas de la institución escolar constituyen pasos indispensables para construir alternativas que permitan superarlas. Es por eso que, antes de formular soluciones –antes de desplegar lo *posible*–, es necesario enunciar y analizar las dificultades.

La tarea es difícil porque:

1. La escolarización de las prácticas de lectura y escritura plantea arduos problemas.
2. Los propósitos que se persiguen en la escuela al leer y escribir son diferentes de los que orientan la lectura y la escritura fuera de ella.
3. La inevitable distribución de los contenidos en el tiempo puede conducir a parcelar el objeto de enseñanza.
4. La necesidad institucional de controlar el aprendizaje lleva a poner en primer plano sólo los aspectos más accesibles a la evaluación.
5. La manera en que se distribuyen los derechos y obligaciones entre el maestro y los alumnos determina cuáles son los conocimientos y estrategias que los niños tienen o no tienen oportunidad de ejercer y, por tanto, cuáles podrán o no podrán aprender.

Analicemos ahora cada una de las cuestiones mencionadas.

Dificultades involucradas en la escolarización de las prácticas[4]

Precisamente por ser *prácticas*, la lectura y la escritura presentan rasgos que obstaculizan su escolarización: a diferencia de los saberes típicamente escolarizables —que se caracterizan por ser explícitos, públicos y secuenciables (Verret, citado por Chevallard, 1997)—, estas prácticas son totalidades indisociables, que ofrecen resistencia tanto al análisis como a la programación secuencial, que aparecen como quehaceres aprendidos por participación en las actividades de otros lectores y escritores e implican conocimientos implícitos y privados.

En consecuencia, no resulta sencillo determinar con exactitud qué, cómo y cuándo aprenden los sujetos. Al intentar instaurar las prácticas de lectura y escritura en la escuela, se plantean —en efecto— múltiples preguntas cuya respuesta no es evidente: ¿qué se aprende cuando se escucha leer al maestro?, ¿en qué momento se apropian los niños del "lenguaje de los cuentos"?, ¿cómo acceder a las anticipaciones o inferencias que los niños presumiblemente hacen al intentar leer por sí mismos un texto?, ¿cuándo puede decirse que un alumno ha aprendido a recomendar libros o a confrontar diversas interpretaciones?...

Por otra parte, se trata de prácticas *sociales* que históricamente han sido y en cierta medida siguen siendo patrimonio de ciertos grupos sociales más que de otros. Intentar que prácticas "aristocráticas" como la lectura y la escritura se instauren en la escuela supone entonces enfrentar —y encontrar caminos para resolver— la tensión existente en la institución

---

[4] Estas dificultades, así como las señaladas en los ítems siguientes, serán retomadas y analizadas más detenidamente en los capítulos posteriores, en particular en el segundo y el tercero.

escolar entre la tendencia al cambio y la tendencia a la conservación, entre la función explícita de democratizar el conocimiento y la función implícita de reproducir el orden social establecido.[5]

TENSIONES ENTRE LOS PROPÓSITOS ESCOLARES Y EXTRAESCOLARES DE LA LECTURA Y LA ESCRITURA

Dado que la función (explícita) de la institución escolar es comunicar saberes y quehaceres culturales a las nuevas generaciones, la lectura y la escritura existen en ella para ser enseñadas y aprendidas. En la escuela, no resultan "naturales" los propósitos que perseguimos habitualmente fuera de ella lectores y escritores: como están en primer plano los propósitos didácticos, que son mediatos desde el punto de vista de los alumnos porque están vinculados a los conocimientos que ellos necesitan aprender para utilizarlos en su vida futura, los propósitos comunicativos –tales como escribir para establecer o mantener el contacto con alguien distante, o leer para conocer otro mundo posible y pensar sobre el propio desde una nueva perspectiva– suelen ser relegados o incluso excluidos de su ámbito. Esta divergencia corre el riesgo de conducir a una situación paradójica: si la escuela enseña a leer y escribir con el único propósito de que los alumnos aprendan a hacerlo, ellos no aprenderán a leer y escribir para cumplir otras finalidades (esas que la lectura y la escritura cumplen en la vida social); si la escuela abandona los propósitos didácticos y asume los de la práctica social, estará abandonando al mismo tiempo su función enseñante.

---

[5] Esta función implícita ha sido puesta en evidencia hace ya varias décadas (P. Bourdieu y J.C. Passeron, 1970; C. Baudelot y R. Establet, 1971). Para una revisión crítica de la perspectiva reproductivista y de su concepción acerca de la relación entre fracaso escolar y aprendizaje del lenguaje escrito, véase B. Lahire (1993).

RELACIÓN SABER-DURACIÓN VERSUS PRESERVACIÓN DEL SENTIDO

Distribuir los contenidos en el tiempo es una exigencia inherente a la enseñanza. La opción tradicional –al menos desde el siglo XVII– ha consistido en distribuirlos estableciendo una correspondencia término a término entre parcelas de saber y parcelas de tiempo. En el caso de la lengua escrita, como es sabido, esta parcelación ha sido flagrante: en el primer año de escolaridad, dominar el "código", y sólo en el segundo, "comprender y producir textos breves y sencillos"; proponer al principio ciertas sílabas o palabras e introducir otras en las semanas o meses consecutivos, graduando las dificultades; en el primer ciclo, presentar exclusivamente textos de determinados géneros y reservar otros para el segundo... La enseñanza se estructura así según un eje temporal único, según una progresión lineal, acumulativa e irreversible.

Tal organización del tiempo de la enseñanza entra en contradicción con el tiempo del aprendizaje y también –en nuestro caso– con la naturaleza de las prácticas de lectura y escritura. Entra en contradicción con el tiempo del aprendizaje porque éste –lejos de ser lineal, acumulativo e irreversible– supone aproximaciones simultáneas al objeto de conocimiento desde diferentes perspectivas, supone coordinaciones y reorganizaciones cognitivas que resignifican en forma retroactiva las interpretaciones atribuidas a los contenidos aprendidos. Y entra en contradicción con las prácticas de lectura y escritura porque éstas son –como ya hemos visto– totalidades indisociables que se resisten al parcelamiento y a la secuenciación. La paradoja se plantea así: si se intenta parcelar las prácticas, resulta imposible preservar su naturaleza y su sentido para el aprendiz; si no se las parcela, es difícil encontrar una distribución de los contenidos que permita enseñarlas.[6]

---

[6] Esta cuestión se desarrollará en el siguiente capítulo.

TENSIÓN ENTRE DOS NECESIDADES INSTITUCIONALES:
ENSEÑAR Y CONTROLAR EL APRENDIZAJE

La responsabilidad social asumida por la escuela genera una fuerte necesidad de control: la institución necesita conocer los resultados de su accionar, necesita evaluar los aprendizajes. Esta necesidad –indudablemente legítima– suele tener consecuencias indeseadas: como se intenta ejercer un control exhaustivo sobre el aprendizaje de la lectura, se lee sólo en el marco de situaciones que permiten al maestro evaluar la comprensión o la fluidez de la lectura en voz alta; como lo más accesible a la evaluación es aquello que puede calificarse como "correcto" o "incorrecto", la ortografía de las palabras ocupa en la enseñanza un lugar más importante que otros problemas más complejos involucrados en el proceso de escritura.

Es así como la enseñanza pone en primer plano ciertos aspectos en detrimento de otros que serían prioritarios para formar a los alumnos como lectores y escritores, pero que son menos controlables. Se plantea pues, inadvertidamente, un conflicto de intereses entre la enseñanza y el control: si se pone en primer plano la enseñanza, hay que renunciar a controlarlo todo; si se pone en primer plano el control de los aprendizajes, hay que renunciar a enseñar aspectos esenciales de las prácticas de lectura y escritura.[7]

Una última dificultad se deriva de la *distribución de derechos y obligaciones entre el maestro y los alumnos.* Para dar aquí sólo un ejemplo representativo de este problema –que será mejor analizado en el capítulo siguiente–, señalemos lo que sucede con el derecho a evaluar: dado que este derecho es en general privativo del docente, los alumnos tienen muy pocas oportunidades de autocontrolar lo que comprenden al

---

[7] Volveremos sobre esta problemática en el capítulo 3.

leer y de autocorregir sus escritos. Aprender a hacerlo y conquistar autonomía como lectores y escritores resulta entonces muy difícil.

Ante este panorama, ¿qué hacer para preservar en la escuela el sentido que la lectura y la escritura tienen fuera de ella?, ¿cómo evitar que se desvirtúen al ser enseñadas y aprendidas?

Lo *posible* es hacer el esfuerzo de conciliar las necesidades inherentes a la institución escolar con el propósito educativo de formar lectores y escritores, lo posible es generar condiciones didácticas que permitan poner en escena –a pesar de las dificultades y contando con ellas– una versión escolar de la lectura y la escritura más próxima a la versión social (no escolar) de estas prácticas.

En primer lugar, para posibilitar la escolarización de las prácticas sociales de lectura y escritura, para que los docentes puedan programar la enseñanza, un paso importante que debe darse a nivel del diseño curricular es el de explicitar, entre los aspectos implícitos en las prácticas, aquellos que resultan hoy accesibles gracias a los estudios sociolingüísticos, psicolingüísticos, antropológicos e históricos.[8] Es lo que hemos intentado hacer (Lerner, Lotito, Levy y otros, 1996), tal como se verá en el tercer capítulo, al formular como *contenidos* de la enseñanza no sólo los saberes lingüísticos sino también los quehaceres del lector y del escritor: hacer anticipaciones sobre el sentido del texto que se está leyendo e intentar verificarlas recurriendo a la información visual, discutir diversas interpretaciones acerca de un mismo material,

---

[8] Lamentablemente, hay algunos aspectos de las prácticas actuales sobre los cuales no disponemos aún de estudios que hagan posible una explicitación exhaustiva y precisa. En estos casos, sólo es posible por ahora recurrir a un análisis intuitivo y consensuado.

comentar lo que se ha leído y compararlo con otras obras del mismo o de otros autores, recomendar libros, contrastar información proveniente de diversas fuentes sobre un tema de interés, seguir a un autor predilecto, compartir la lectura con otros, atreverse a leer textos difíciles, tomar notas para registrar informaciones a las que más tarde se recurrirá, escribir para cumplir diversos propósitos (convencer, reclamar, dar a conocer…), planificar lo que se va a escribir y modificar el plan mientras se está escribiendo, tener en cuenta los conocimientos del destinatario para decidir qué informaciones se incluyen y cuáles pueden omitirse en el texto que se está produciendo, seleccionar un registro lingüístico adecuado a la situación comunicativa, revisar lo que se está escribiendo y hacer las modificaciones pertinentes…

En segundo lugar, es posible articular los propósitos didácticos –cuyo cumplimiento es en general mediato– con propósitos comunicativos que tengan un sentido "actual" para el alumno y se correspondan con los que habitualmente orientan la lectura y la escritura fuera de la escuela. Esta articulación, que permite resolver una de las paradojas antes plantea-das, puede concretarse a través de una modalidad organizativa bien conocida: los proyectos de producción-interpretación. El trabajo por proyectos permite, en efecto, que todos los integrantes de la clase –y no sólo el maestro– orienten sus acciones hacia el cumplimiento de una finalidad compartida: grabar un caset de poemas para enviar a otros niños o para hacer una emisión radial dota de sentido al perfeccionamiento de la lectura en voz alta porque los reiterados ensayos que es necesario hacer no constituyen un mero ejercicio, sino que se orientan hacia un objetivo valioso y realizable en el corto plazo –compartir con otras personas las propias emociones experimentadas frente a los poemas elegidos–; preparar una carta de lector para protestar por un atropello a los derechos de los niños permitirá aprender a "escribir para reclamar" enfrentando todos los problemas que se plantean en la escritura cuando se está involucrado en una situación auténtica, en la que efectivamente se trata de producir un texto suficientemente convincente como para lograr que la carta sea publicada y surta un efecto sobre los lectores...

Por otra parte, la organización por proyectos permite resolver otras dificultades: favorece el desarrollo de estrategias de autocontrol de la lectura y la escritura por parte de los alumnos y abre las puertas de la clase a una nueva relación entre el tiempo y el saber.

En efecto, al orientar sus acciones hacia una finalidad compartida, los alumnos se comprometen en la elaboración de un producto –un caset, una carta de lector, etc.– que resulte satisfactorio y convincente para los destinatarios y para ellos mismos. En consecuencia, están dispuestos a revisar sus producciones para mejorarlas y hacer de ellas un medio eficaz para cumplir con los propósitos planteados. Es así como el compromiso que asumen hace posible que progresen en la adquisición de las estrategias necesarias para revisar y perfeccionar sus propios trabajos.

Dado que la finalidad que se persigue constituye un hilo conductor de las actividades y que los proyectos se extienden a lo largo de periodos más o menos prolongados (en algunos casos, algunas semanas; en otros, algunos meses), esta modalidad organizativa, además de favorecer la autonomía de los alumnos, que pueden tomar iniciativas porque saben hacia dónde marcha el trabajo, se contrapone a la parcelación del tiempo y del saber. Es así como se hace posible evitar la **yuxtaposición de actividades inconexas –que abordan aspectos** también inconexos de los contenidos– y los niños tienen oportunidad de acceder a un trabajo suficientemente duradero como para resolver problemas desafiantes construyendo los conocimientos necesarios para ello, para establecer relaciones entre diferentes situaciones y saberes, para consolidar lo aprendido y reutilizarlo... De este modo, al evitar la parcelación que desvirtuaría la naturaleza de las prácticas de lectura y escritura, se hace posible que los alumnos reconstruyan su sentido.

Ahora bien, trabajar con proyectos no es suficiente para instaurar una relación tiempo-saber que tenga en cuenta el tiempo del aprendizaje y preserve el sentido del objeto de enseñanza. Para lograrlo, es necesario articular muchas temporalidades diferentes: actividades que se desarrollan con cierta periodicidad durante un cuatrimestre o un año –leer noticias, cuentos o curiosidades científicas tal día de la semana, por ejemplo– contribuyen a familiarizar con ciertos géneros y a consolidar los hábitos de lectura; situaciones puntuales –como escribir un mensaje por correo electrónico a un alumno de otra escuela– que se desarrollan en un tiempo muy breve pueden contribuir a consolidar ciertas prácticas de comunicación por escrito; secuencias de situaciones de lectura –como leer cuentos de determinado escritor o de cierto subgénero, por ejemplo– pueden extenderse durante unas semanas y contribuir a consolidar quehaceres del lector tales como seguir a un autor o establecer relaciones intertextuales... El entrecruzamiento de estas diferentes temporalidades permite a los alumnos realizar simultáneamente diferentes aproximaciones a las prácticas –participar en un mismo periodo en actos de lectura y de escritura dirigidos a diversos propósitos– así como volver una y otra vez a lo largo del tiempo a poner en acción un cierto aspecto de la lectura o la escritura –escribir, reescribir, releer, transcribir, resumir...–, a retrabajar un tema, un género o un autor.[9]

Finalmente, es posible crear un nuevo equilibrio entre la enseñanza y el control, cuando se reconoce que éste es necesario pero intentando evitar que prevalezca sobre aquélla. Cuando se plantea un conflicto entre ambos, cuando hay que elegir entre lo que es necesario para que los niños aprendan y lo que es necesario para controlar el aprendizaje, parece indispensable optar por el aprendizaje. Se trata –por ejemplo– de abrir espacios para que los alumnos, además de leer profundamente ciertos textos, puedan leer otros muchos (aunque, como veremos en el capítulo 3, el control que es posible ejercer sea menor en este último caso que en el primero); se trata de dar un lugar importante a la lectura para sí mismo, aunque no sea posible para el maestro evaluar la comprensión de todo lo que han leído...

Resulta imprescindible, por último, compartir la función evaluadora. Hay que brindar a los alumnos oportunidades de autocontrolar lo que están comprendiendo al leer y de generar estrategias para leer cada vez mejor, aunque esto haga más difícil conocer los aciertos o errores producidos en su primera lectura. Hay que delegar (provisoriamente) en los niños la responsabilidad de revisar sus escritos, permitiendo así que se enfrenten con problemas de escritura que no podrían descubrir si el papel de corrector fuera asumido siempre por el docente...[10]

Se generarán así nuevos aprendizajes y aparecerán también nuevas posibilidades de evaluación. Al disminuir la presión

---

[9] Las diferentes modalidades de organización de las actividades, así como los problemas didácticos que ellas contribuyen a resolver, serán tratadas con mayor profundidad en el capítulo 4.

[10] Volveremos sobre estas cuestiones, desde ángulos diferentes, en los capítulos 3 y 4.

del control, se hace posible evaluar aprendizajes que antes no tenían lugar: como el maestro no comunica de inmediato su opinión, los alumnos expresan sus interpretaciones, las confrontan, buscan en el texto indicios para verificarlas, detectan errores en sus producciones, buscan información para corregirlos, ensayan diferentes soluciones... y todas estas acciones proveen nuevos indicadores de los progresos que los niños están realizando como lectores y escritores.

Es así como pueden resolverse las dificultades antes planteadas. Para resolverlas, ante todo hay que conocerlas: si las ignoráramos, no podríamos enfrentarlas y ellas seguirían, inconmovibles, obstruyendo nuestros esfuerzos. Analizar y enfrentar lo real es muy duro, pero resulta imprescindible cuando se ha asumido la decisión de hacer todo lo que es posible para alcanzar lo necesario: formar a todos los alumnos como practicantes de la cultura escrita.

∼

Para hacer el retrato de un pájaro
Jacques Prévert (*Paroles*)

A Elsa Henriquez

Pintar primero una jaula / con una puerta abierta / pintar enseguida / algo bonito / algo simple / algo bello / algo útil / para el pájaro / poner enseguida el lienzo contra un árbol / en un jardín / en un monte / o en un bosque / esconderse tras el árbol / sin decir palabra / sin moverse… / A veces el pájaro llega pronto / pero también puede tardar largos años / en decidirse / No hay que desanimarse / hay que esperar / esperar si es necesario por años / la rapidez o la lentitud de la llegada del pájaro / no tienen relación / con el éxito de la pintura / Cuando el pájaro llegue / si llega / hay que guardar el silencio más profundo / Esperar a que el pájaro entre en la jaula / y cuando haya entrado / hay que cerrar dulcemente la puerta con el pincel / luego / borrar uno a uno los barrotes / teniendo cuidado de no tocar ninguna de las plumas del pájaro / Hacer enseguida el retrato del árbol / y escoger la más bella de sus ramas / para el pájaro / pintar también lo verde del follaje y la frescura del viento / el polvo del sol / y el sonido de los insectos de la hierba en el calor del verano / y luego esperar a que el pájaro decida cantar / Si el pájaro no canta / es mal signo / signo de que la pintura es mala / pero si canta es buen signo / señal de que se puede firmar / Entonces arranque dulcemente / una de las plumas del pájaro / y ponga su nombre en un borde de la pintura.

Trad. Natalia Cervantes

Pour faire le portrait d´un oiseau

À Elsa Henriquez

Peindre d'abord une cage / avec une porte ouverte / peindre ensuite / quelque chose de joli / quelque chose de simple / quelque chose de beau / quelque chose d'utile / pour l'oiseau / placer ensuite la toile contre un arbre / dans un jardin / dans un bois / ou dans une forêt / se cacher derrière l'arbre / sans rien dire / sans bouger... / Parfois l'oiseau arrive vite / mais il peut aussi bien mettre de longues années / avant de se décider / Ne pas se décourager / attendre / attendre s'il le faut pendant des années / la vitesse ou la lenteur de l'arrivée de l'oiseau / n'ayant aucun rapport / avec la réussite du tableau / Quand l'oiseau arrive / s'il arrive / observer le plus profond silence / attendre que l'oiseau entre dans la cage / et quand il est entré / fermer doucement la porte avec le pinceau / puis / effacer un à un tous les barreaux / en ayant soin de ne toucher aucune des plumes de l'oiseau / Faire ensuite le portrait de l'arbre / en choisissant la plus belle de ses branches / pour l'oiseau / peindre aussi le vert feuillage et la fraîcheur du vent / la poussière du soleil / et le bruit des bêtes de l'herbe dans la chaleur de l'été / et puis attendre que l'oiseau se décide à chanter / Si l'oiseau ne chante pas c'est mauvais signe / signe que le tableau est mauvais / mais s'il chante c'est bon signe / signe que vous pouvez signer / Alors vous arrachez tout doucement / une des plumes de l'oiseau / et vous écrivez votre nom dans un coin du tableau.

Capítulo 2
Para transformar la enseñanza de la lectura y la escritura

Leer, escribir, evocar... Un texto evoca otros textos, un título evoca otros títulos. "Para transformar la enseñanza de la lectura y la escritura" –nuevo título para una nueva versión del artículo original[1]– es una alusión a "Para hacer el retrato de un pájaro", ese poema de Prévert que bien podría leerse como un texto instruccional para llevar a cabo una difícil misión como la que aquí se propone. Intentar que un pájaro acepte posar como modelo, que detenga su vuelo sin perder su libertad; intentar que la escuela levante vuelo, que produzca transformaciones sustanciales sin perder su especificidad institucional, sin renunciar a su función enseñante.

No desalentarse –es el consejo del poeta–, persistir en el intento, renovar los esfuerzos una y otra vez... Apelar a todas las herramientas necesarias para hacer realidad un propósito que es difícil alcanzar pero hacia el cual es imprescindible encaminarse.

¿Cuál es el desafío?

El desafío es formar practicantes de la lectura y la escritura y ya no sólo sujetos que puedan "descifrar" el sistema de es-

---

[1] Una primera versión de este capítulo fue presentada como ponencia –con el título "Capacitación en servicio y cambio en la propuesta didáctica vigente"– al Encuentro de especialistas auspiciado por el CERLALC (en el marco del proyecto "Renovación de prácticas pedagógicas en la formación de lectores y escritores") y realizado en Bogotá, del 6 al 10 de octubre de 1993. Fue publicado en 1994, con el mismo título, en *Lectura y Vida*, año 15, núm. 3.

critura. Es –ya lo he dicho– formar lectores que sabrán elegir el material escrito adecuado para buscar la solución de problemas que deben enfrentar y no sólo alumnos capaces de oralizar un texto seleccionado por otro. Es formar seres humanos críticos, capaces de leer entre líneas y de asumir una posición propia frente a la sostenida explícita o implícitamente por los autores de los textos con los que interactúan en lugar de persistir en formar individuos dependientes de la letra del texto y de la autoridad de otros.

El desafío es formar personas deseosas de adentrarse en los otros mundos posibles que la literatura nos ofrece, dispuestas a identificarse con lo parecido o solidarizarse con lo diferente y capaces de apreciar la calidad literaria. Asumir este desafío significa abandonar las actividades mecánicas y desprovistas de sentido que llevan a los niños a alejarse de la lectura por considerarla una mera obligación escolar, significa también incorporar situaciones donde leer determinados materiales resulte imprescindible para el desarrollo de los proyectos que se estén llevando a cabo o bien –y esto es igualmente importante– produzca el placer que es inherente al contacto con textos verdaderos y valiosos.

El desafío es –por otra parte– orientar las acciones hacia la formación de escritores, de personas que sepan comunicarse por escrito con los demás y consigo mismos, en vez de continuar "fabricando" sujetos cuasiágrafos, para quienes la escritura es suficientemente ajena como para recurrir a ella sólo en última instancia y después de haber agotado todos los medios para evadir tal obligación.

El desafío es lograr que los alumnos lleguen a ser *productores* de lengua escrita conscientes de la pertinencia e importancia de emitir cierto tipo de mensaje en el marco de determinado tipo de situación social, en vez de entrenarse únicamente como "copistas" que reproducen –sin un propósito propio– lo escrito por otros o como receptores de dictados cuya finalidad –también ajena– se reduce a la evaluación por parte del docente. El desafío es lograr que los niños manejen con eficacia los diferentes escritos que circulan en la sociedad y cuya utilización es necesaria o enriquecedora para la vida (personal, laboral, académica), en vez de hacerse expertos en ese género exclusivamente escolar que se denomina "composición" o "redacción".

El desafío es lograr que la escritura deje de ser en la escuela sólo un objeto de evaluación para constituirse realmente en un objeto de enseñanza, es hacer posible que todos los alumnos se apropien de la escritura y la pongan en práctica sabiendo –por experiencia, no por transmisión verbal– que es un largo y complejo proceso constituido por operaciones recursivas de planificación, textualización y revisión.[2] Es así como se irá abriendo el camino para que este conocimiento deje de ser patrimonio exclusivo de algunos privilegiados que tienen la oportunidad de adquirirlo fuera de la escuela mientras otros continúan creyendo lo que la presentación escolar de la escritura puede llevar a creer: que es posible producir un texto cuando comienza la hora de clase y terminarlo cuando suena el timbre, que es posible comenzar a escribir apenas se ha definido el tema que será objeto del texto, que la escritura ha concluido cuando se ha puesto el punto final en la primera versión, que le corresponde a otro –al docente, no al autor– hacerse cargo de la revisión.

El desafío es promover el descubrimiento y la utilización de la escritura como instrumento de reflexión sobre el pro-

---

[2] El modelo de escritura al que se hace referencia ha sido tomado de J. Hayes y L. Flower (1986; 1994). Puede consultarse asimismo M. Scardamalia y C. Bereiter (1992) y M. Charolles (1986). Entre los trabajos centrados en la enseñanza de la escritura así concebida, se destacan los de D. Graves (1991) y L. McCormick Calkins (1993). En los capítulos 3, 4 y 5 del presente libro se hacen otras consideraciones sobre los procesos involucrados en la escritura, así como sobre el trabajo de producción escrita en el aula.

pio pensamiento, como recurso insustituible para organizar y reorganizar el propio conocimiento, en lugar de mantener a los alumnos en la creencia de que la escritura es sólo un medio para reproducir pasivamente o para resumir –pero sin reinterpretar– el pensamiento de otros.

El desafío es, en suma, combatir la discriminación que la escuela opera actualmente no sólo cuando genera el fracaso explícito de aquellos que no logra alfabetizar, sino también cuando impide a los otros –a los que aparentemente no fracasan– llegar a ser lectores y productores de textos competentes y autónomos. El desafío que debemos enfrentar quienes estamos comprometidos con la institución escolar es combatir la discriminación desde el interior de la escuela; es aunar nuestros esfuerzos para alfabetizar a todos los alumnos, para asegurar que todos tengan oportunidades de apropiarse de la lectura y la escritura como herramientas esenciales de progreso cognoscitivo y de crecimiento personal.

En la escuela, ¿es factible el cambio?

Los desafíos planteados implican un cambio profundo. Llevarlo a la práctica no será fácil para la escuela. Las reformas educativas –al menos las que en efecto merecen tal nombre– suelen tropezar con fuertes resistencias.

La institución escolar sufre una verdadera tensión entre dos polos contradictorios: la rutina repetitiva y la moda. Al mismo tiempo que la tradición opera como un factor suficiente para justificar la adecuación de contenidos y métodos, suelen aparecer y difundirse en el sistema escolar "innovaciones" que no siempre están claramente fundamentadas. Como **suele ocurrir con la moda, en muchos casos estas innovacio-**

nes se adoptan no porque representen algún progreso sobre lo anterior, sino simplemente porque son novedades.

Cuando estábamos escribiendo *El aprendizaje de la lengua escrita en la escuela* (1992), decidimos dedicar un capítulo a analizar y rebatir la denominación de "nuevo enfoque" que solía atribuirse en Venezuela a nuestra propuesta didáctica. Esta denominación nos preocupaba, ya que aludía a la novedad por la novedad misma. ¿Corría nuestra propuesta el riesgo de convertirse en una moda más? Transformarla en una moda podría ser una manera de aniquilarla, de reducirla a los elementos asimilables por el sistema escolar sin que éste se viera obligado a operar modificación alguna sobre sí mismo.

Mostramos entonces que la perspectiva planteada marcaba una clara continuidad con posiciones didácticas anteriores –y en ese sentido podían detectarse en ella muchos elementos "viejos"– y mostramos también que efectivamente había elementos nuevos, elementos cuyo valor no se derivaba de su novedad sino de la validez de las investigaciones recientes de las que eran producto. La revisión cuidadosa de la obra de, entre otros, Dewey, Kilpatrick, Decroly y Freinet, surtió un doble y contradictorio efecto: por una parte, permitió tomar clara conciencia de lo difícil que resulta introducir un cambio en la escuela, al constatar que ciertas ideas educativas fundamentales se están planteando desde hace más de un siglo y que, sin embargo, sólo han dado lugar a experiencias restringidas, pero no han logrado incidir para nada en el sistema escolar global; por otra parte, fue posible constatar que, a nivel de las ideas didácticas, se estaban produciendo importantes progresos, ya que los aportes recientes permitían en algunos casos completar y en otros desechar en forma contundente los planteamientos anteriores.

La innovación tiene sentido cuando forma parte de la historia del conocimiento pedagógico, cuando al mismo tiempo retoma y supera lo anteriormente producido. Sin embargo, las innovaciones que en efecto suponen un progreso respecto a la práctica educativa vigente tienen serias dificultades para instalarse en el sistema escolar; en cambio, suelen adquirir fuerza pequeñas "innovaciones" que permiten alimentar la ilusión de que algo ha cambiado, "innovaciones" que son pasajeras y serán pronto remplazadas por otras que tampoco afectarán lo esencial del funcionamiento didáctico.

Al referirse a la relación entre este "innovacionismo" y el avance del conocimiento científico en el campo didáctico, Y. Chevallard (1982) señala:

> La novedad no es interesante como tal y no puede ser buscada por sí misma [...] Históricamente, la innovación como valor y como ideología ha obstaculizado el desarrollo de la investigación. [...] Se observa así que la ideología de la innovación tiende a encerrar al estudio del sistema educativo en una terrible lógica, en un implacable determinismo: la innovación como valor ideológico sólo puede tomar impulso porque la ausencia de una historia científica en el dominio de la educación deja libre curso a todas las pretensiones (y entre ellas a algunas imposturas, ya que el innovador se autoriza a sí mismo); inversamente, el peso de la obsesión innovadora en las conciencias y en las prácticas impide que se constituya el hecho educativo en objeto de un saber progresivo.

Se genera así una especie de círculo vicioso: la ausencia de historia científica hace posible el innovacionismo, y el innovacionismo obstaculiza la construcción de una historia científica.

Para mantener este innovacionismo permanente, es necesario mostrar siempre el fracaso de la innovación anterior:

> La innovación –señala G. Brousseau (1991)– no permite nunca extraer lecciones útiles de las experiencias que no cesa de provocar y, por lo tanto, no puede aportar nada a la didáctica. [...] La constatación de

fracaso es necesaria para el automantenimiento de la innovación, pero ¿es ineluctable el propio fracaso? No, creo que a través de estas innovaciones –por otro lado, fuertemente cíclicas– el progreso camina pese a todo, pero sus posibilidades de acción son muy limitadas. En efecto, para difundirse con suficiente velocidad, una innovación necesita el ritmo que sólo los procesos de la moda pueden permitirle. Para permitir ese ritmo, *hace falta que las innovaciones no afecten a nada esencial en las partes profundas de las prácticas de los enseñantes [...]*.[3]

Es importante entonces distinguir las propuestas de cambio que son producto de la búsqueda rigurosa de soluciones a los graves problemas educativos que confrontamos de aquellas que pertenecen al dominio de la moda. Las primeras tienen en general mucha dificultad para expandirse en el sistema educativo porque afectan el núcleo de la práctica didáctica vigente, las segundas –aunque son pasajeras– se irradian fácilmente porque se refieren a aspectos superficiales y muy parciales de la acción docente.

La reproducción acrítica de la tradición y la adopción también acrítica de modas –tanto más adoptables cuanto menor es la profundidad de los cambios que proponen– son dos riesgos constantes para la educación, son obstáculos fuertes para la producción de verdaderos cambios. Y si estos cambios profundos se refieren –como en nuestro caso– a la enseñanza de la lectura y la escritura, la resistencia del sistema escolar se agiganta: no sólo estamos cuestionando el núcleo de la práctica didáctica, revisamos también la forma en que la escuela ha concebido tradicionalmente su misión alfabetizadora, esa misión que está en las raíces de su función social.

Ahora bien, ¿cómo hacer –en el marco de este panorama poco alentador– para contribuir a producir y generalizar un

---

[3] Las cursivas son nuestras.

cambio en la concepción de la enseñanza de la lectura y la escritura, ese cambio que, según creemos, haría posible que *todos* los que acceden a la escuela lleguen a ser lectores y escritores competentes y autónomos?

La capacitación: condición necesaria pero no suficiente para el cambio en la propuesta didáctica

Si la actualización siempre es necesaria para todo profesional, lo es aún más en el caso de los docentes latinoamericanos de hoy. Esta afirmación se sustenta en razones muy diversas: el cambio radical de perspectiva que ha tenido lugar en los últimos veinte años en relación con la alfabetización[4] no ha tenido suficiente eco en las instituciones formadoras de maestros, la función social del docente está sufriendo un proceso de desvalorización sin precedentes, el acceso a libros y revistas especializadas es difícil –dada la situación económica de nuestros países y, en particular, el deplorable panorama laboral de los educadores–, los maestros tienen muy pocos espacios propios para la discusión de su tarea...

Ahora bien, la capacitación está lejos de ser la panacea universal que tanto nos gustaría descubrir.

Nuestra experiencia coincide completamente con la de M. Nemirovsky (1988), quien señala:

---

[4] Este cambio se produjo a partir de la revolución conceptual generada por las investigaciones sobre la psicogénesis del sistema de escritura (Ferreiro y Teberosky, 1979) y con la contribución de otras múltiples investigaciones, desde las psicolingüísticas sobre la naturaleza de los actos de lectura y de escritura hasta los estudios históricos sobre la lectura y la escritura concebidas como prácticas sociales, desde los aportes de la lingüística del texto y la pragmática hasta los estudios etnográficos y el análisis didáctico de la enseñanza usual, desde las investigaciones en psicología del aprendizaje hasta el estudio del funcionamiento de secuencias de enseñanza planteadas en el marco de experiencias alternativas de alfabetización...

Hubo una etapa (¡muy prolongada!) en mi propio desarrollo profesional, en la cual al finalizar cada acción de capacitación de maestros consideraba que había logrado mi propósito y que desde ese día a todos y a cada uno de los maestros con quienes había trabajado se les había develado la verdad, por lo cual su trabajo cotidiano sufriría una transformación radical. A medida que acumulo mayor experiencia en la realización de acciones de capacitación de maestros, busco encontrar formas para disminuir mi nivel de expectativas porque sé que todo aquello que intento que el maestro asuma está en contradicción no sólo con lo que estudió en la etapa de formación profesional, sino con su historia como alumno y las creencias avaladas socialmente respecto a cómo se aprende.

La dificultad para lograr que los maestros hagan suyos los aportes científicos sobre la lectura y la escritura y sobre el sujeto que aprende no debe ser atribuida a una simple resistencia individual, ya que esta dificultad hunde sus raíces en el funcionamiento institucional. La escuela estampa su marca indeleble sobre todo lo que ocurre dentro de ella: hay mecanismos inherentes a la institución escolar que operan al margen o incluso en contra de la voluntad consciente de los docentes. No bastará entonces con capacitar a los docentes, resultará imprescindible también estudiar cuáles son las condiciones institucionales para el cambio, cuáles son los aspectos de nuestra propuesta que tienen más posibilidades de ser acogidos por la escuela y cuáles requieren la construcción de esquemas previos para poder ser asimilados. Dicho de otro modo, será necesario renunciar al voluntarismo que suele caracterizar a los que propulsamos cambios, habrá que reconocer que el objeto que queremos modificar –el sistema de enseñanza– *existe independientemente de nosotros* y tiene leyes propias.

En tal sentido, Chevallard (1985), al reflexionar sobre la constitución de la didáctica de la matemática como ciencia, **señala:**

Toda ciencia debe asumir como su condición primera el concebirse como ciencia de un objeto, de un objeto real que existe independientemente de la mirada que lo transformará en objeto de conocimiento. Posición materialista mínima. Por lo tanto, habrá que suponer en este objeto un *determinismo* propio, una *necesariedad* que la ciencia querrá descubrir. Ahora bien, todo esto –que es tan válido para el psicoanálisis como para la física– no resulta evidente cuando se trata de ese "objeto" supuestamente tan peculiar que es el *sistema didáctico* o, más ampliamente, el sistema de enseñanza. Lejos de considerarlo espontáneamente como dotado de un determinismo específico que es necesario dilucidar, le atribuimos en general una voluntad muy débil y sometida a nuestro libre arbitrio de sujetos deseantes. Y en aquello que nos ofrece resistencia, queremos ver el simple efecto de la "mala" voluntad de algunos "malos" sujetos (los docentes, dramáticamente conformistas; la administración, incorregiblemente burocrática; los "gobiernos sucesivos", el ministro, etc.). Sea cual fuere el origen sociohistórico de una actitud tan compartida [...] es necesario tomar conciencia de que permanecemos de este modo en una situación verdaderamente precientífica. [...] El sistema de enseñanza sigue siendo el terreno privilegiado de todos los voluntarismos –de los cuales es quizá el último refugio–. Hoy más que ayer, debe soportar el peso de todas las expectativas, de los fantasmas, de las exigencias de toda una sociedad para la cual la educación es el último portador de ilusiones. [...] Esta actitud es una confesión: el sistema de enseñanza –totalmente impregnado de voluntad humana– podría modelarse a la medida de nuestros deseos, de los que sólo sería una proyección en la materia inerte de una institución.

Lamentablemente, no podemos modelar el sistema de enseñanza a imagen y semejanza de nuestros deseos, no tenemos una varita mágica capaz de lograr que deje de cumplirse la función implícitamente reproductivista de la institución escolar y sólo se cumpla la función explícita de democratizar

el conocimiento. Pero tampoco podemos renunciar a modificar en forma decisiva el sistema de enseñanza.

Reconocer que la capacitación no es condición suficiente para el cambio en la propuesta didáctica porque éste no depende sólo de las voluntades individuales de los maestros –por mejor capacitados que ellos estén–, significa aceptar que, además de continuar con los esfuerzos de capacitación, será necesario estudiar los mecanismos o fenómenos que se dan en la escuela e impiden que todos los niños se apropien (sin correr el riesgo de caer posteriormente en el analfabetismo funcional) de esas prácticas sociales que son la lectura y la escritura. Al conocerlos, se hará posible vislumbrar formas de controlar su acción, así como precisar algunas cuestiones relativas al cambio curricular e institucional.

Es por eso que, antes de centrar el análisis en las diferentes herramientas que consideramos esenciales para transformar la enseñanza, haremos algunas reflexiones sobre esos fenómenos propios de la institución escolar.

Acerca de la transposición didáctica: la lectura y la escritura como objetos de enseñanza

El primer aspecto que debe ser analizado es el abismo que separa la práctica escolar de la práctica social de la lectura y la escritura: la lengua escrita, creada para representar y comunicar significados, aparece en general en la escuela fragmentada en pedacitos no significativos; la lectura en voz alta ocupa un lugar mucho mayor en el ámbito escolar que la lectura silenciosa, en tanto que en otras situaciones sociales ocurre lo contrario; en el aula se espera que los niños produzcan textos en un tiempo muy breve y escriban directamente la versión final, en tanto que fuera de ella producir un texto es un largo proceso que requiere muchos borradores y reiteradas revisiones...

Escribir es una tarea difícil para los adultos –aun para aquellos que lo hacen habitualmente–; sin embargo, se espera que los niños escriban en forma rápida y fluida... Leer es una actividad orientada por propósitos –desde buscar una información necesaria para resolver un problema práctico hasta internarse en el mundo creado por un escritor–, pero éstos suelen quedar relegados en el ámbito escolar, donde se lee sólo para aprender a leer y se escribe sólo para aprender a escribir...

La versión escolar de la lectura y la escritura parece atentar contra el sentido común. ¿Por qué y para qué enseñar algo tan diferente de lo que los niños tendrán que usar luego, fuera de la escuela?

Durante mucho tiempo, atribuimos esta deformación sólo a la concepción conductista del aprendizaje que impera en la escuela. Sin embargo, la obra de Chevallard (1985) nos permitió encontrar una nueva y esclarecedora respuesta para esas viejas preguntas y, sobre todo, nos permitió descubrir otra dimensión del problema.

En efecto, conocer el fenómeno de transposición didáctica –puesto en evidencia por Chevallard en el marco de su trabajo en Didáctica de la Matemática– permitió tomar conciencia de que la distancia entre el objeto de conocimiento que existe fuera de la escuela y el objeto que es realmente enseñado en la escuela está muy lejos de ser privativa de la lectura y la escritura, es un fenómeno general que afecta a todos aquellos saberes que ingresan en la escuela para ser enseñados y aprendidos.

El saber –ha mostrado Chevallard– adquiere sentidos diferentes en diferentes instituciones, funciona de un modo en la institución que lo produce y de otro en la institución encargada de comunicarlo. No es lo mismo aprender algo –a leer y escribir, por ejemplo– en la institución escuela o en la institución familia. Todo saber, toda competencia, están modelados por el aquí y ahora de la situación institucional en la que se producen.

La escuela tiene la finalidad de comunicar a las nuevas generaciones el conocimiento elaborado por la sociedad. Para hacer realidad este propósito, el objeto de conocimiento –el saber científico o las prácticas sociales que se intenta comunicar– se convierte en "objeto de enseñanza". Al transformarse en objeto de enseñanza, el saber o la práctica a enseñar se modifican: es necesario seleccionar algunas cuestiones en vez de otras, es necesario privilegiar ciertos aspectos, hay que distribuir las acciones en el tiempo, hay que determinar una forma de organizar los contenidos. *La necesidad de comunicar el conocimiento lleva a modificarlo.*

La presión del tiempo es uno de los fenómenos que, en la institución escolar, marca en forma decisiva el tratamiento de los contenidos. El conocimiento se va distribuyendo a través del tiempo, y esta distribución hace que adquiera características particulares, diferentes de las del objeto original. La graduación del conocimiento lleva a la parcelación del objeto. Ya Comenio afirmaba: "La ley de todas las criaturas es partir de cero y elevarse gradualmente. El educador debe avanzar paso a paso en todos los terrenos [...] Una sola cosa a la vez. *Una sola cosa* sobre la cual se pasará *todo el tiempo necesario*".

En aras de la graduación, tiempo y conocimiento se confunden.

La organización del tiempo didáctico –señala Chevallard (1984)– se apoya sobre la materia a enseñar, se identifica con la organización del saber, según una dialéctica de la descomposición y la recomposición. Se constituye una pedagogía analítica que descompone hasta en sus elementos más simples la materia a enseñar, que jerarquiza en grados cada fase del proceso.

Las consecuencias de la graduación en el caso de la enseñanza de la lengua escrita son bien conocidas: en un comienzo lectura mecánica (?) y sólo más tarde lectura comprensiva; las letras o sílabas se presentan en forma estrictamente secuenciada y –por supuesto– antes que la palabra, que la oración, que el texto; los alumnos deben comprender "literalmente" el texto antes de hacer una interpretación propia de él y mucho antes de poder hacer una lectura crítica... Tanto la lengua escrita como la práctica de la lectura y la escritura se vuelven fragmentarias, son desmenuzadas de tal modo que pierden su identidad.

Fragmentar así los objetos a enseñar permite alimentar dos ilusiones muy arraigadas en la tradición escolar: eludir la complejidad de los objetos de conocimiento reduciéndolos a sus elementos más simples y ejercer un control estricto sobre el aprendizaje. Lamentablemente, la simplificación hace desaparecer el objeto que se pretende enseñar y el control de la reproducción de las partes nada dice sobre la comprensión que los niños tienen de la lengua escrita ni sobre sus posibilidades como intérpretes y productores de textos.

Ahora bien, la transposición didáctica es inevitable, pero debe ser rigurosamente controlada. Es inevitable porque el propósito de la escuela es comunicar el saber, porque la intención de enseñanza hace que el objeto no pueda aparecer exactamente de la misma forma ni ser utilizado de la misma manera que cuando esta intención no existe, porque las situaciones que se plantean deben tener en cuenta los conocimientos previos de los niños que se están apropiando del objeto en cuestión. Debe ser rigurosamente controlada porque la transformación del objeto –de la lengua escrita y de las actividades de lectura y escritura, en nuestro caso– tendría que restringirse a aquellas modificaciones que, en efecto, son inevitables. Dado que el objetivo final de la enseñanza es que el alumno pueda hacer funcionar lo aprendido fuera de la escuela, en situaciones que ya no serán didácticas, será necesario mantener una vigilancia epistemológica que garantice una semejanza fundamental entre lo que se enseña y el objeto o práctica social que se pretende que los alumnos aprendan. La versión escolar de la lectura y la escritura no debe apartarse demasiado de la versión social no escolar.

El control de la transposición didáctica no puede ser una responsabilidad exclusiva de cada maestro.[5] Es responsabilidad de los gobiernos hacer posible la participación de la comunidad científica en esta tarea y es responsabilidad de la comunidad científica expedirse sobre la pertinencia de los "recortes" que se hacen al seleccionar contenidos; quienes diseñan los curricula deben tener como preocupación prioritaria, al formular objetivos, contenidos, actividades y formas de evaluación, que éstos no desvirtúen la naturaleza de los objetos de conocimiento que se pretende comunicar; el equipo directivo y docente de cada institución, al establecer acuerdos sobre los contenidos y formas de trabajo en los diferentes grados o ciclos, debe evaluar las propuestas en función de su adecuación a la naturaleza y al funcionamiento cultural –extraescolar– del saber que se intenta enseñar. Es responsabilidad de cada maestro prever actividades e intervenciones que favorezcan la presencia en el aula del objeto de conocimiento tal como ha sido socialmente producido, así como reflexionar sobre su práctica y efectuar las rectificaciones que resulten necesarias y posibles.

---

[5] Combatir la idea circulante de que el maestro es el único y gran responsable de todos los defectos del sistema educativo fue uno de los propósitos esenciales de este artículo. Mostrar cuáles son los diferentes componentes que es necesario contemplar y cuáles son las responsabilidades que otras instancias del sistema tienen la obligación de asumir era también un propósito prioritario, ya que el Encuentro del CERLALC en el que originalmente se presentó este trabajo tenía la misión de elaborar recomendaciones que serían propuestas en una reunión de ministros de Educación de América Latina y el Caribe.

Acerca del "contrato didáctico"

Aprender en la escuela –ha señalado E. Rockwell (1982)– es sobre todo [...] aprender "usos" de los objetos escolares, entre ellos de la lengua escrita [...]. El sistema de usos escolares deriva algunas de sus reglas o contenidos implícitos de su inserción en la estructura de relaciones sociales que caracteriza a la institución, que le otorga autoridad al docente [...]. Es por este hecho que no se trata de un problema de métodos o conocimientos del docente. Sólo en este contexto institucional y social más amplio puede comprenderse la tendencia a la asimetría entre maestros y alumnos en la producción e interpretación de textos.

Los efectos de esta asimetría institucionalmente determinada se entienden mejor cuando, después de haber analizado diversos registros de clase donde maestro y alumnos están leyendo textos de ciencias naturales o sociales –es decir, de clases donde la lectura se utiliza como instrumento para aprender otros contenidos y donde el docente no se propone explícitamente objetivos referidos al aprendizaje de la lectura–, la autora hace notar que el tipo de relación establecida entre docentes y alumnos imprime características específicas al proceso de comprensión de lo que se lee:

En él está en juego la doble autoridad del maestro. La "autoridad" de quien "sabe más" y por lo tanto puede aportar más al texto y la "autoridad" institucional que asume frente a los alumnos. Los niños, dentro de esta relación asimétrica, entran en un doble proceso, en el mejor de los casos, de tratar de interpretar el texto y a la vez tratar de "interpretar" lo que entiende y solicita el maestro. En este sentido la relación social característica de la escuela estructura el proceso de interpretación del texto que se enseña a los alumnos.

El concepto de "contrato didáctico" elaborado por G. Brousseau (1986) contribuye a dar cuenta de estos hechos. Al analizar las interacciones entre maestros y alumnos acerca de los contenidos, puede postularse que todo sucede como si esas interacciones respondieran a un contrato implícito, como si las atribuciones que el maestro y los alumnos tienen en relación con el saber estuvieran distribuidas de una manera determinada, como si cada uno de los participantes en la relación didáctica tuviera ciertas responsabilidades y no otras respecto a los contenidos trabajados, como si se hubiera ido tejiendo y arraigando en la institución escolar un interjuego de expectativas recíprocas... Ese "contrato" implícito preexiste a los contratantes y, por supuesto, a las personas concretas que están en la institución; es muy eficaz a pesar de no haber sido explicitado y sólo se pone en evidencia cuando es transgredido.

Ahora bien, un aspecto esencial que Brousseau subraya al definir la noción de "contrato" es que éste compromete no sólo al maestro y a los alumnos sino también al saber, ya que este último –lo hemos visto al analizar la transposición– sufre modificaciones al ser comunicado, al ingresar en la relación didáctica. La distribución de derechos y responsabilidades entre el docente y los alumnos adquiere características específicas en relación con cada contenido. La "cláusula"[6] referida a la interpretación de textos parece establecer –según nos sugieren las observaciones de Rockwell– que el derecho a dictaminar sobre la validez de la interpretación es privativo del maestro, que la autoridad institucional de la que está investido lo exime de esgrimir argumentos o señalar datos en

---

[6] Tomo prestada aquí la idea humorísticamente acuñada por Chevallard (1983), según la cual este supuesto "contrato" incluiría "cláusulas" referidas a distintos contenidos.

el texto que avalen su interpretación –lo que no impide, por supuesto, que los maestros que así lo deseen puedan hacerlo– y que los alumnos –hayan sido convencidos o no– tienen la obligación de renunciar a sus propias interpretaciones a favor de la del docente.

¿Qué efectos producirá esta distribución de derechos y obligaciones en la formación de los niños como lectores? Si la validez de la interpretación debe ser siempre establecida por la autoridad, ¿cómo harán luego los niños para llegar a ser lectores independientes?; si no se aprende a buscar en la información visual provista por el texto datos que confirmen o refuten la interpretación realizada –no hace falta buscarlos, puesto que es el docente quien determina la validez–, ¿cómo podrán luego los niños autocontrolar sus propias interpretaciones?; si no se aprende a coordinar diferentes puntos de vista sobre un texto –tampoco esto es necesario cuando el punto de vista autorizado se presenta como indiscutible y como el único posible–, ¿dónde y cómo tendrán oportunidad los alumnos de descubrir que la discusión con los otros permite llegar a una mayor objetividad en la comprensión de lo que se lee?; si el alumno no tiene derecho en la escuela a actuar como un lector reflexivo y crítico, ¿cuál será la institución social que le permita formarse como tal?

Pero además, si el derecho a elegir los textos que se leen es también privativo del maestro, ¿cómo elaborará el alumno criterios para seleccionar en el futuro su propio material de lectura?; si el alumno tiene la obligación de atenerse estrictamente a la información visual provista por el texto, si no tiene derecho a muestrear de esa información sólo aquellos elementos imprescindibles para corroborar o refutar su anticipación, si tampoco tiene derecho a saltear lo que no entiende o lo que le aburre o a volver atrás cuando detecta una incongruencia en lo que ha interpretado; si el alumno no conserva ninguno de estos derechos elementales de cualquier lector, ¿cuál será entonces la institución social que le ofrezca la oportunidad de aprender a leer?

Si, por otra parte, el alumno tiene la obligación de escribir directamente la versión final de los pocos textos que elabora, si no tiene derecho a borrar, ni a tachar ni a hacer borradores sucesivos, si tampoco tiene derecho a revisar y corregir lo que ha escrito porque la función de corrección es desempeñada exclusivamente por el maestro, entonces ¿cómo podrá llegar a ser un practicante autónomo y competente de la escritura?

Queda evidenciada así la flagrante contradicción que existe entre la manera en que se distribuyen en la institución escolar los derechos y obligaciones que maestro y alumnos tienen respecto a la lengua escrita y los propósitos explícitos que esa misma institución se plantea en relación con la formación de lectores y productores de texto. Si de verdad se pretende tender hacia el logro de estos propósitos, habrá que revisar esa distribución, habrá que dar a conocer —no sólo a los docentes sino a toda la comunidad— los efectos que produce en las posibilidades de formar lectores y escritores, habrá que crear en la escuela ámbitos de discusión para elaborar posibles vías de transformación, habrá que analizar la posibilidad de levantar la barrera tajante que separa las atribuciones del docente de las del alumno para tender hacia derechos más compartidos, habrá que ir elaborando el "contrato" que responda mejor a la necesidad de formar lectores y escritores competentes.

Es responsabilidad de quienes trabajamos en el campo de la investigación didáctica aportar elementos que permitan conocer mejor las "reglas" implícitas en las interacciones entre maestros y alumnos acerca de la lengua escrita, así como estudiar cuáles son las modificaciones deseables y factibles y, cuando efectivamente se producen modificaciones, analizar cuáles son los efectos que producen. Es responsabilidad de los organismos rectores de la educación, así como de los especialistas en diseño curricular y en análisis institucional, tener en cuenta los datos ya aportados por la investigación para evaluar sus propuestas a la luz de los efectos que producirán en el "contrato didáctico" referido a la lengua escrita y, por ende, en las posibilidades de que la escuela contribuya de manera efectiva a la formación de lectores y productores de texto. Es responsabilidad de los formadores y capacitadores de docentes crear situaciones que permitan a estudiantes y maestros comprender la contradicción aquí planteada y asumir una posición superadora. Es responsabilidad de todas las instituciones y personas que tengan acceso a los medios de comunicación informar a la comunidad, y en particular a los padres, sobre los derechos que los alumnos deben conservar en la escuela para poder formarse como practicantes autónomos de la lengua escrita.

Herramientas para transformar la enseñanza

Tal como lo ha mostrado el análisis precedente, la capacitación en servicio no es condición suficiente para producir los cambios profundos que la propuesta didáctica vigente requiere. Es necesario también introducir modificaciones en el currículum y en la organización institucional, crear conciencia a nivel de la opinión pública y desarrollar la investigación en el campo de la didáctica de la lectura y la escritura. Es necesario asimismo replantear las bases de la formación de los docentes y promover la jerarquización social de su función.

En primer lugar, en lo que se refiere al *currículum*, además de controlar –como ya se dijo– la transposición didáctica, de cuidar que el objeto presentado en la escuela conserve las características esenciales que tiene fuera de ella y de velar por que las actividades y las intervenciones que eventualmente se sugieren al docente hagan posible la formación de lectores y escritores competentes en vez de obstaculizarla, deben tenerse en cuenta –entre otras– las siguientes cuestiones:

1. La necesidad de establecer objetivos por ciclo en vez de establecerlos por grado, no sólo porque esto disminuye el riesgo de fracaso explícito en el aprendizaje de la lectura y la escritura, sino también porque permite elevar la calidad de la alfabetización: al atenuar la tiranía del tiempo didáctico, se hace posible evitar –o por lo menos reducir al mínimo– la fragmentación de conocimiento y abordar entonces el objeto de conocimiento en toda su complejidad. Maestros y alumnos pueden así dedicar el tiempo necesario para leer verdaderos libros, para trabajar sobre diferentes tipos de texto, para discutir las diversas interpretaciones posibles de cada uno, para emprender la producción de textos cuya elaboración requiere de un proceso más o menos prolongado; hay tiempo para cometer errores, para reflexionar sobre ellos y para rectificarlos; hay tiempo para avanzar realmente hacia el dominio de la lengua escrita.

2. La importancia de acordar a los objetivos generales prioridad absoluta sobre los objetivos específicos. Dado que –como hemos señalado en otro lugar (D. Lerner y A. Pizani, 1992)– la acción educativa debe estar permanentemente orientada por los propósitos esenciales que le dan sentido, es necesario evitar que éstos queden ocultos tras una larga lista de objetivos específicos que en muchos casos están desconectados tanto entre sí como de los objetivos generales de los que deberían depender.

Cada objetivo específico –y por supuesto también cada contenido, estrategia metodológica, actividad o forma de evaluación que se proponga– debe ser rigurosamente analizado en función de su consistencia con los propósitos básicos que se persiguen, consistencia que debe estar claramente explicitada en el documento curricular. Preguntas como "¿cuál es el objetivo general que este objetivo específico (o este contenido, estrategia, etc.) permite cumplir?" y "¿se corre el riesgo de que transmita algún metamensaje que no resulte coherente con lo que nos proponemos?" deberían orientar el análisis evaluativo de todas y cada una de las propuestas que se hacen en el currículum. Se evitaría así la aparición en el documento curricular de incongruencias tan frecuentes como peligrosas: haber planteado, por ejemplo, como objetivo general que los niños acrecienten su competencia lingüística y comunicativa y, al mismo tiempo, formular como objetivo específico la descripción detallada de personas y objetos presentes en el aula, sin estipular ninguna condición para la realización de las actividades correspondientes. El cumplimiento del objetivo específico obstaculiza aquí el desarrollo del objetivo general: como la descripción resultará superflua desde el punto de vista de la comunicación, ya que el objeto que se describe está a la vista de todos, no surgirá la necesidad de buscar los recursos lingüísticos más adecuados para lograr que los destinatarios puedan imaginarlo –necesidad que estaría en primer plano, en cambio, si el objeto a describir fuera al mismo tiempo desconocido por los oyentes o lectores y valorado por el productor del mensaje–. Algo similar ocurre con objetivos como "leer en voz alta en forma fluida" o "leer con entonación correcta" cuando aparecen desconectados del propósito fundamental de formar lectores y dan lugar a situaciones de lectura oral repetitiva que, además de no cumplir ninguna función desde el punto de vista de la comprensión del texto ni desde el punto de vista comunicativo, alejan a los niños de la lectura porque la muestran como actividad tediosa y carente de sentido.

3. La necesidad de evitar el establecimiento de una correspondencia término a término entre objetivos y actividades, correspondencia que lleva indefectiblemente a la parcelación de la lengua escrita y a la fragmentación indebida de actos tan complejos como la lectura y la escritura.

Es aconsejable introducir en el currículum la idea de que una situación didáctica cumple en general diferentes objetivos específicos, al menos cuando esa situación ha sido diseñada teniendo en cuenta los objetivos generales. Por ejemplo, una situación de lectura dramatizada de un cuento –dirigida a grabar un caset que otros escucharán o a hacer una función pública de "teatro leído"– permite trabajar tanto sobre la comprensión del significado del texto como sobre la entonación más adecuada para comunicar los sentimientos de los personajes, desarrollar el lenguaje oral así como avanzar en el aprendizaje de las convenciones propias de la lengua escrita, hace posible a la vez explicitar una argumentación (cuando los niños justifican sus diferentes interpretaciones del texto) y utilizar un lenguaje descriptivo (cuando planifican la escenografía que prepararán para ambientar la dramatización)...

4. La necesidad de superar la tradicional separación entre "alfabetización en sentido estricto" y "alfabetización en sentido amplio" o, para decirlo en nuestros términos, entre "apropiación del sistema de escritura" y "desarrollo de la lectura y la escritura". Esta separación es uno de los factores responsables de que la enseñanza en los primeros grados se centre en la sonorización desvinculada del significado y de que en los grados posteriores se exija la comprensión del texto sin haber preparado a los alumnos para esta exigencia, ya que la comprensión es evaluada pero raramente es tomada como objeto de enseñanza. Esta separación ha llevado también a suponer que el manejo del sistema alfabético es un requisito

previo para la utilización del lenguaje escrito como tal, para la interpretación y producción de escritos correspondientes a los diferentes géneros que circulan en la sociedad.

Ahora sabemos que la lectura es siempre —desde sus inicios— un acto centrado en la construcción del significado, que el significado no es un subproducto de la oralización sino el guía que orienta el muestreo de la información visual; ahora sabemos que los niños reelaboran simultáneamente el sistema de escritura y el "lenguaje que se escribe"... ¿Por qué mantener entonces una separación que ha tenido efectos negativos?

El objetivo debe ser desde un comienzo formar lectores, por lo tanto, las propuestas deben estar centradas en la construcción del significado también desde el comienzo. Para construir significado al leer, es fundamental tener constantes oportunidades de adentrarse en la cultura de lo escrito, de ir construyendo expectativas acerca de qué puede "decir" en tal o cual texto, de ir acrecentando la competencia lingüística específica en relación con la lengua escrita... Por lo tanto, desde el principio, la escuela debe hacer participar a los chicos en situaciones de lectura y escritura: habrá que poner a su disposición materiales escritos variados, habrá que leerles muchos y buenos textos para que tengan oportunidad de conocer diversos géneros y puedan hacer anticipaciones fundadas en este conocimiento... Habrá que proponerles también situaciones de producción que les plantearán el desafío de componer oralmente textos con destino escrito —para ser dictados al maestro, por ejemplo—; en el curso de esta actividad se plantearán problemas que los llevarán a descubrir nuevas características de la lengua escrita y a familiarizarse con el acto de escritura antes de saber escribir en el sentido convencional del término.

Poner en evidencia que —como diría F. Smith (1983)— no hay una diferencia fundamental entre leer y aprender a leer, o entre escribir y aprender a escribir, puede contribuir a esclarecer cuáles son los principios generales que deben regir el trabajo didáctico en lectura y escritura desde el primer día de clase de primer grado –o de preescolar– y a lo largo de toda la escolaridad.

Una última pero muy importante –porque se refiere a los fundamentos– consideración sobre el currículum: es necesario sustentar las propuestas en los aportes de las ciencias del lenguaje y en los de la psicología, en particular en los estudios realizados sobre la construcción de determinados contenidos escolares del área.

Para dar sólo un ejemplo de la relevancia que asumen algunos de los aportes de las ciencias del lenguaje desde la perspectiva didáctica,[7] señalemos que las contribuciones de la sociolingüística obligan a revisar críticamente –entre otros aspectos– la noción de "corrección", que está tan arraigada en la escuela, para remplazarla por la de "adecuación a la situación comunicativa", lo que supone abandonar la desvalorización que han sufrido los dialectos o sociolectos no prestigiosos (que son la lengua materna de muchos de los alumnos de nuestras escuelas).

En cuanto a la teoría del aprendizaje, como señala Coll (1993), desde hace más de diez años existe una convergencia notable entre diferentes autores y enfoques teóricos, en relación con los principios explicativos básicos del aprendizaje en general y del aprendizaje escolar en particular.

> El principio explicativo más ampliamente compartido es, sin ningún género de dudas –señala el autor–, el que se refiere a la importancia de la

---

[7] En el capítulo siguiente se considerará el aporte de otras ciencias del lenguaje –así como el de la historia de las prácticas de lectura y escritura– a la conceptualización del objeto de enseñanza y la explicitación de los contenidos que están en juego cuando se lee o se escribe en el aula.

actividad mental constructiva del alumno en la realización de los aprendizajes escolares; el principio que lleva a concebir al aprendizaje escolar como un proceso de construcción del conocimiento [...] y a la enseñanza como una ayuda para esta construcción. [...] De ahí el término de "constructivismo" habitualmente elegido para referirse a esta convergencia.

En el caso particular de la lectura y la escritura, los estudios psicogenéticos y psicolingüísticos han permitido ya esclarecer aspectos importantes del proceso de reconstrucción de la lengua escrita por parte del sujeto.

Reformular la concepción del objeto de enseñanza en función de los aportes lingüísticos y la concepción del sujeto que aprende a leer y escribir de acuerdo con los aportes psicolingüísticos realizados desde una perspectiva constructivista parece ser una condición importante para contribuir, desde el diseño curricular, al cambio en la propuesta didáctica vigente en la escuela.

En segundo lugar, en lo que se refiere a la *organización institucional*, resulta evidente la necesidad imperiosa de promover el trabajo en equipo, de abrir en cada escuela espacios de discusión que permitan confrontar experiencias y superar así el aislamiento en el que suelen trabajar los docentes, que hagan posible poner en tela de juicio las modalidades de trabajo instaladas en el sistema escolar y evaluarlas a la luz de los propósitos educativos que se persiguen, que propicien el análisis crítico de los derechos y obligaciones asignados al docente y a los alumnos en relación con la lectura y la escritura, que favorezcan el establecimiento de acuerdos entre los docentes no sólo para lograr mayor coherencia en el trabajo, sino también para emprender proyectos en común.

La elaboración de proyectos institucionales podría, en algunos casos, apelar a la participación de los padres. Hacer de la escuela el centro de una comunidad de lectores podría ser uno de los objetivos de este tipo de proyectos.

Habría que discutir además otras modificaciones posibles de la institución escolar, tomando como punto de partida los estudios sociológicos y etnográficos que puedan aportar elementos en tal sentido; habría que estudiar de qué modo se haría posible democratizar la estructura tradicionalmente autoritaria del sistema educativo.[8] Si esta democratización permitiera revalorizar la posición del maestro dentro del sistema, seguramente esto abriría también un espacio para revalorizar la posición de los alumnos en el aula y haría posible –entre otros beneficios– que se les reconociera como lectores y productores de textos.

Por último, habría que definir modificaciones tendientes a desterrar el mito de la homogeneidad que impera en la institución escolar y a sustituirlo por la aceptación de la diversidad cultural e individual de los alumnos. De este modo, se podría evitar –o al menos disminuir– la formación de "grupos homogéneos" o "grupos de recuperación", que sólo sirven para incrementar la discriminación escolar.

El tercer punto que hemos anunciado –y que se agrega a las consideraciones ya realizadas sobre lo curricular y lo institucional– se refiere a la *conciencia* que parece necesario crear *en la opinión pública*.

En efecto, en el caso de la educación –y a diferencia de lo que ocurre, por ejemplo, en el caso de la medicina– no existen presiones sociales que inciten al progreso. La práctica del aula es

---

[8] En la provincia de Buenos Aires, en el periodo 1988-1992, se hicieron algunas experiencias interesantes en este sentido: se crearon consejos de escuela y consejos de aula, se introdujo la coevaluación como modalidad para calificar el desempeño de los docentes, se instituyó el consenso de los compañeros de trabajo como el recurso más adecuado para definir el nombramiento de directores interinos... Lamentablemente, el periodo en que estuvieron en vigencia estas medidas fue demasiado breve como para que puedan evaluarse sus efectos.

cuestionada cuando se aparta de la tradición, en tanto que rara vez lo es cuando reproduce exactamente lo que se ha venido haciendo de generación en generación. Este fenómeno –que merecería ser estudiado desde la perspectiva sociológica– se expresa muy claramente en el caso de la alfabetización: cualquier estrategia de trabajo que se aleje del consabido "mi mamá me ama", que no respete la secuencia establecida por los métodos fonéticos (incluido el silábico), genera gran inquietud en los padres de los supuestos "conejillos de Indias", inquietud que algunas veces se transforma en resistencia declarada.

Lo "nuevo" preocupa por el simple hecho de ser nuevo –no hace falta averiguar si está bien fundamentado o no–; lo "viejo" tranquiliza por el solo hecho de ser conocido, independientemente del sustento científico o teórico que pueda tener. La lamentable consecuencia de esta situación es que no se plantea la necesidad de avanzar en el campo didáctico; si el maestro lo intenta, es por iniciativa propia o de sus colegas, no porque haya un requerimiento en tal sentido por parte de los padres de sus alumnos o de algún otro sector de la comunidad. ¿Qué sería de nuestra salud si esto ocurriera también en el campo de la medicina?

Parece esencial entonces crear conciencia de que la educación también es objeto de la ciencia, de que día a día se producen conocimientos que, si ingresaran en la escuela, permitirían mejorar sustancialmente la situación educativa. Es necesario además dar a conocer –de la manera más accesible que sea posible– cuáles son las prácticas escolares que deberían cambiar para adecuarse a los conocimientos que hoy tenemos sobre el aprendizaje y la enseñanza de la lectura y la escritura, así como mostrar los efectos nocivos de los métodos y procedimientos tradicionales que resultan tan "tranquilizadores" para la comunidad, y hacer públicas las ventajas de las estrategias didácticas que realmente contribuyen a formar lectores y escritores autónomos.

Es responsabilidad de los gobiernos y de todas las instituciones y personas que tienen acceso a los medios de comunicación –y están involucradas en la problemática de la lectura y escritura– contribuir a formar esta conciencia en la opinión pública.

En cuanto al desarrollo de la *investigación didáctica en el área de la lectura y la escritura* –el cuarto aspecto antes anunciado–, es evidente la necesidad de continuar produciendo conocimientos que permitan resolver los múltiples problemas que la enseñanza de la lengua escrita plantea, y de hacerlo a través de estudios cada vez más rigurosos, del tal modo que la didáctica de la lectura y la escritura deje de ser materia "opinable" para constituirse como un cuerpo de conocimientos de reconocida validez.

El conocimiento didáctico no puede deducirse simplemente de los aportes de la psicología o de la ciencia que estudia el objeto que intentamos enseñar. Ha sido necesario –y continúa siéndolo– realizar investigaciones didácticas que permitan estudiar y validar las situaciones de aprendizaje que proponemos, afinar las intervenciones de enseñanza, plantear problemas nuevos que sólo se hacen presentes en el aula. Los problemas didácticos –como por ejemplo: ¿por qué resulta tan difícil lograr que los alumnos asuman la corrección de los textos que escriben?, ¿qué nuevos recursos pueden ponerse en acción para lograrlo?, ¿qué efectos producen estos nuevos recursos? o ¿la sistematización del conocimiento ortográfico es un medio efectivo para mejorar la ortografía?, ¿en qué condiciones?– no podrán ser abordados ni resueltos por investigaciones psicológicas o lingüísticas, sólo la investigación didáctica puede resolverlos.

Si se pretende producir cambios reales en la educación, y en particular en la alfabetización, es imprescindible –en vez de dirigir los escasos recursos disponibles hacia la realización de estudios diagnósticos, que sólo sirven para confirmar las deficiencias educativas que ya conocemos, pero no para aportar elementos que contribuyan a superarlas– propiciar la investigación didáctica, es imprescindible brindarle un apoyo mucho mayor que el que actualmente se le ofrece en nuestros países. Cedamos la palabra a G. Brousseau (1988) –uno de los fundadores de la didáctica de la matemática como ciencia– para ampliar la argumentación en tal sentido:

> La creación y la conducción de situaciones de enseñanza no son reductibles a un arte que el maestro pueda desarrollar espontáneamente por medio de actitudes positivas (escuchar al niño...) o alrededor de una simple técnica (utilizar juegos, materiales, o el conflicto cognitivo, p.e.). La didáctica no se reduce a una tecnología y su teoría no es la del aprendizaje, sino la de la organización de los aprendizajes de otros, la de la comunicación y transposición de los conocimientos [...] Aceptar hacerse cargo de los medios individuales de aprendizaje del alumno (el sujeto cognitivo) exigiría una modificación completa del rol del maestro y de su formación, una transformación del conocimiento mismo, otros medios de control (individuales y sociales) del conocimiento, etc. [...] Es una decisión que plantea problemas que sólo la didáctica puede –quizá– resolver. Seguramente no es una decisión que pueda depender de la libre elección de los docentes, ni de su arte. Insistamos sobre esta contradicción: si actualmente el sujeto no tiene lugar en la relación de enseñanza (en tanto que sí lo tiene en la relación pedagógica), no es porque los maestros se obstinen en el dogmatismo, sino porque no pueden corregir las causas didácticas profundas de esta exclusión. Corremos el riesgo de pagar muy caro errores que consisten en requerir del voluntarismo y la ideología aquello que sólo puede provenir del conocimiento. A la investigación en Didáctica le corresponde encontrar explicaciones y soluciones que respeten las reglas de juego del oficio de docente o bien *negociar los cambios necesarios sobre la base de un conocimiento científico de los fenómenos*. No se puede hoy [...] dejar que la institución convenza a los alumnos que

fracasan de que son idiotas –o enfermos– porque nosotros no queremos afrontar nuestros límites.

Ahora bien, si de verdad se quiere generar un cambio profundo, será también imprescindible *replantear las bases de la formación de los docentes y promover la jerarquización social de su función.*
En lo que se refiere a la preparación de los maestros y centrándonos en el problema de la alfabetización, dos cuestiones parecen esenciales: asegurar su formación como lectores y productores de textos y considerar como eje de la formación el conocimiento didáctico (en relación con la lectura y la escritura, en nuestro caso). Por otra parte, todo el currículum debería contribuir a mostrar a los estudiantes los progresos que se van registrando en la producción del conocimiento –didáctico, lingüístico, psicolingüístico...–, de tal modo que ellos sean conscientes en el futuro de la necesidad de profundizar y actualizar su saber en forma permanente.
Hay una relación recíproca entre la jerarquización del papel de los docentes –el reconocimiento social de su función– y el mejoramiento de la calidad de su formación. Ambas cuestiones deberían ser atacadas simultáneamente: elevar la calidad académica y brindar mejores condiciones laborales, tanto desde el punto de vista económico como desde el punto de vista de la valoración que la comunidad tiene del trabajo de los maestros.
Además de lo que pueda hacerse en ese sentido desde los organismos oficiales, a los docentes les corresponde –por supuesto– defender su profesión, constituir entidades que –como los colegios profesionales– propicien investigaciones, cursos, conferencias, discusiones sobre problemas que es urgente resolver.

Y ahora sí, finalmente, nos ocuparemos de la *capacitación*, que es también una herramienta importante –aunque no la única– para transformar la enseñanza.

Diseñar un programa de capacitación en servicio tendiente a transformar la práctica didáctica supone plantearse múltiples problemas de diversos tipos: ¿cómo conciliar la profundidad requerida para el trabajo de cada grupo con la necesidad de extender la propuesta a un número de maestros que resulte significativo para el sistema?, ¿debe plantearse como obligatoria la capacitación para los docentes o como voluntaria?, ¿es conveniente dirigirla a maestros aislados, que provienen de instituciones diferentes, o es más productivo imprimirle un carácter institucional?, ¿qué condiciones deben reunir los capacitadores?, ¿cómo promover la formación continua de los participantes del proyecto?, ¿cómo asegurar que el proceso de capacitación permita a los docentes aprehender la concepción didáctica que se pretende comunicarles?

En relación con la *conciliación de profundidad y extensión*, es necesario tener en cuenta que el tiempo es una variable importante para la capacitación: las "jornadas" de muy breve duración –a veces de una mañana– pueden ser útiles para dar a conocer que una cuestión existe, pero son siempre insuficientes para analizarla y, por lo tanto, es muy difícil que generen algún efecto en la práctica, aunque en algunos casos puedan despertar inquietudes; por otra parte, una cantidad total de horas –cuarenta, por ejemplo– distribuida en sólo una semana no equivale a esa misma cantidad de horas distribuida en varios meses, ya que esta última distribución permite que los maestros lean bibliografía, pongan en práctica nuevas actividades y discutan con sus compañeros entre reunión y reunión.

La alternativa que en nuestra experiencia ha resultado más productiva combina una situación de taller –que da la posibilidad de abarcar una cantidad considerable de maestros– con una instancia de acompañamiento de la tarea en el aula, que permite lograr una profundidad mucho mayor con un número menor de docentes, con aquellos que se comprometen más firmemente con el proyecto. En el marco de esta alternativa, el taller tiene una duración de varios meses y sólo se adopta una modalidad intensiva en aquellos casos en que resulta imposible, por razones geográficas y económicas, reunir periódicamente a los participantes. El acompañamiento en el aula se desarrolla como mínimo durante un año lectivo y resulta especialmente fecundo cuando incluye la participación del coordinador en la actividad con los niños, entrevistas con cada docente y reuniones que agrupan a docentes de diferentes escuelas, para favorecer el intercambio de experiencias.

En cuanto a la dimensión *obligatoriedad-voluntariedad*, está claro que cada una de las opciones posibles tiene ventajas e inconvenientes: si la capacitación es obligatoria, el organismo responsable del programa puede establecer prioridades y seleccionar en función de ellas a los docentes que intervendrán, pero se corre el riesgo de que un cierto porcentaje de los participantes no se interese lo suficiente en los contenidos del taller; si, en cambio, la inscripción de los maestros es voluntaria, aumentan las posibilidades de que los docentes se comprometan seriamente y se constituyan luego en activos promotores de la propuesta, pero se hace más difícil responder a las prioridades educativas.

En un proyecto de capacitación que realizamos en la Provincia de Buenos Aires entre 1988 y 1991 –al cual apelaremos en lo sucesivo para ilustrar algunas opciones productivas–, se combinó la variable voluntariedad-obligatoriedad con la referida a la incorporación de los docentes en forma individual o por equipos institucionales: la participación era voluntaria, pero era requisito para la inscripción en los talleres que se constituyeran equipos de escuela, integrados por un miembro del personal directivo, un miembro del gabinete psicopedagógico (en caso de que hubiera gabinete en la escuela) y por lo menos dos maestros. Sólo en forma excepcional se aceptaron maestros aislados.

Tomamos estas decisiones porque las experiencias anteriores habían puesto en evidencia las serias dificultades confrontadas por los maestros que emprendían en forma solitaria una transformación de su práctica. Parecía entonces necesario crear una situación que permitiera a cada maestro compartir interrogantes y posibles respuestas con sus compañeros, así como contar con el respaldo del personal directivo de su escuela. La evaluación del proyecto mostró que estas ideas eran en general correctas, pero puso de manifiesto también una limitación: en muchos casos resultó difícil integrar realmente a los directores, porque ellos estaban agobiados por las tareas administrativas o porque no se sentían directamente involucrados en la problemática didáctica, o por las dos razones a la vez. Una instancia de capacitación específica para los directores, que fue puesta en práctica en el último año del proyecto, resultó mucho más productiva desde el punto de vista del compromiso asumido por el personal directivo.

En lo que se refiere a las *condiciones que deben reunir los capacitadores*. M. Nemirovsky (1990) señala:

> Otro aspecto decisivo sobre el cual la experiencia ha aportado suficientes datos es que la capacitación debiera estar organizada y coordinada por los profesionistas directamente involucrados en la elaboración de las propuestas didácticas. Es frecuente encontrar el sistema de "cascada" en la organización de la capacitación: un pequeño equipo capacita a uno mayor

y éste a su vez a otro grupo más amplio, etc., de manera que cuando la capacitación llega al maestro ya hubo cuatro o cinco intermediaciones entre los capacitadores "originales" y quienes llevarán –o se supone que llevarán– a cabo la implementación de la propuesta en cuestión. Esta práctica lleva a que, generalmente, ni siquiera el "capacitador" conozca, maneje, asuma, los criterios fundamentales sobre los cuales se sustenta la propuesta y, por lo tanto, tampoco las respuestas u orientaciones que pudieran darse frente a las dudas que plantean los maestros. Puede suponerse cuáles serán las consecuencias de esta situación para la implementación de dichas propuestas. Si bien no hay muchos planteos alternativos para resolver este problema, lo que quiero enfatizar es su importancia.

Efectivamente, es muy difícil que la aspiración planteada por la autora pueda cumplirse: los que elaboran las propuestas didácticas son muy pocos, los docentes de una red educativa son muy numerosos. Sin embargo, pueden construirse alternativas que reduzcan las intermediaciones al mínimo posible y resulten menos riesgosas que la acelerada "multiplicación" característica de los intentos de capacitación masiva en el sistema educativo, siempre y cuando se acepte que la disminución del riesgo supone necesariamente un aumento en el tiempo destinado a la formación de los capacitadores –ya que, como hemos visto, el tiempo es imprescindible para lograr cierto grado de profundidad– y una reducción de la cobertura que es posible lograr en un periodo determinado.

En el proyecto de la Provincia de Buenos Aires, se dedicó todo el primer año a la *formación de coordinadores*. Los docentes involucrados en esta instancia eran maestros, asistentes educacionales, directores y supervisores que fueron previamente seleccionados tomando en consideración su trayectoria en relación con la alfabetización –participación en experiencias alternativas y en cursos vinculados con la cuestión, compromiso con la transformación de la práctica pedagógica–. Para definir quiénes se desempeñarían como coordinadores de futuros talleres y quiénes los acompañarían como co-coordinadores o como colaboradores encargados del registro de las sesiones, se llevaba a cabo en el curso del taller un proceso de evaluación que contemplaba la calidad de los aportes realizados en clase así como la presentación de un trabajo centrado en la planificación fundamentada de un taller dirigido a equipos de escuela de su zona.

Por otra parte, desde el momento en que comenzó el trabajo con los maestros, se puso en marcha un modo de funcionamiento que aseguraba el *perfeccionamiento constante de todos los involucrados en el proyecto*: los coordinadores de cada zona se reunían semanalmente con el objeto de discutir nuevo material bibliográfico y de analizar los problemas planteados durante el desarrollo de los talleres; representantes de las diferentes zonas –que habían sido seleccionados para constituir un "equipo intermedio" que funcionaba como nexo entre el equipo central y los demás coordinadores– se reunían mensualmente con el equipo central y estas reuniones hacían posible la supervisión y la orientación cooperativas del trabajo de capacitación que estaba en desarrollo.

El análisis de registros de clase de los diferentes talleres constituyó uno de los recursos importantes para la formación de todos como capacitadores. Sin embargo, desarrollar esta tarea no fue fácil, porque registrar es difícil y porque no todos se atreven a someter la propia práctica al análisis de los otros. Requirió un tiempo pasar del relato oral a la lectura del registro textual de las clases, pero insistimos en que este paso se diera porque el registro es insustituible cuando se trata de compartir las dificultades de la práctica. En efecto, mientras dependemos de los relatos orales, nos enteramos únicamente de aquellas dificultades de las cuales los coordinadores de la situación pudieron tomar conciencia, sólo el registro textual permite sacar a la luz otros problemas que no resultaron observables para los que estuvieron involucrados directamente en la actividad.

La selección previa de los candidatos a coordinador, el trabajo profundo durante los talleres de capacitación, la evaluación rigurosa del desempeño de cada uno, el trabajo en equipo y el perfeccionamiento constante –incluyendo en él la reflexión cooperativa sobre la práctica de capacitación, en base a la discusión de los registros de clase– fueron los recursos que nos permitieron asegurar una formación relativamente sólida de aquellos que se desempeñaban como capacitadores y evitar así la superficialidad y los efectos nocivos que en muchos casos caracterizan a la capacitación ofrecida por las redes educativas más o menos extensas.[9]

Finalmente, para asegurar la comprensión por parte de los docentes de la *concepción didáctica* que se pretende comunicar, es esencial que todo el proceso de capacitación esté orientado por esa misma concepción y que los contenidos didácticos constituyan el eje del trabajo.

En nuestro caso, asumir una concepción constructivista de la enseñanza y el aprendizaje supone centrar la capacitación de los docentes en situaciones que representen un desafío para ellos y les permitan reelaborar el conocimiento, que favorezcan la cooperación entre pares y la toma de conciencia de sus propias estrategias como lectores y productores de textos, que hagan posible discutir y analizar críticamente diferentes materiales bi-

---

[9] En la provincia de Buenos Aires había en ese momento 54 000 maestros; el equipo central estaba constituido por cuatro personas; el equipo intermedio, cuyos miembros comenzaron a desempeñar funciones como capacitadores en 1989, estaba integrado por treinta personas (habían sido seleccionadas ciento veinte personas para integrarlo, pero fue necesario ajustarse al número de cargos que fue posible obtener); a partir de 1990, se incorporaron otros cuarenta coordinadores en las diferentes regiones de la provincia.

bliográficos referidos a los contenidos, que permitan poner permanentemente en juego la propia concepción de la práctica didáctica y confrontarla con la de los demás, que permitan explicitar los supuestos implícitos en las posiciones que se adoptan sobre la enseñanza y el aprendizaje de la lengua escrita... Todos los contenidos del taller son considerados como contenidos en construcción: en cada reunión quedan cuestiones abiertas a las que luego se volverá para analizarlas desde otra perspectiva; rediscutirlas permite llegar a nuevas conclusiones, pero en algunos casos se plantean desacuerdos o se abren interrogantes que llevan a recurrir al material bibliográfico.

El trabajo sobre la bibliografía cumple un papel importante, porque es a través de esas lecturas como los maestros pueden reflexionar acerca de las propuestas didácticas sobre las cuales están trabajando, así como sobre sus fundamentos y porque conocer a los diferentes autores les permitirá manejarse con autonomía para avanzar en su propia formación más tarde, cuando ya no estén involucrados en un curso de capacitación. La lectura resulta en particular significativa cuando se acude a la bibliografía para responder a interrogantes que han surgido previamente en el curso de las discusiones, cuando los participantes saben que encontrarán allí respuestas para preguntas que ya se han formulado.

En relación con los contenidos, la evaluación permanente de la tarea desarrollada en el proyecto antes mencionado nos fue mostrando la necesidad de centrar cada vez más el trabajo en el componente didáctico, e incorporar los aportes de otras ciencias –de la lingüística, la psicolingüística, etc.– en la medida en que contribuyeran a resolver problemas didácticos o a fundamentar propuestas de enseñanza. Dado que esta cuestión se desarrollará en el último capítulo, anticiparemos aquí sólo un aspecto vinculado con el lugar de la práctica en el proceso de capacitación.

Diversas experiencias alternativas de alfabetización realizadas en América Latina (E. Ferreiro, 1989) han puesto en evidencia que la presencia del aula en las situaciones de capacitación de los docentes es fundamental. En nuestro caso, esta presencia se hacía efectiva tanto en la instancia de taller como en la de acompañamiento: en la primera, la práctica en el aula aparecía a través del análisis de registros de clase aportados por el equipo de coordinación, de la planificación de actividades que los participantes llevarían a cabo con sus alumnos y de la evaluación conjunta del desarrollo de esas actividades; durante el proceso de acompañamiento, el aula estaba aún más presente, puesto que –además de realizar actividades similares a las descritas para el taller y de trabajar sobre registros realizados por los propios maestros de sus clases o de las de algún compañero– el coordinador colaboraba con el maestro en la conducción de algunas situaciones didácticas, lo que permitía, por una parte, que los docentes aprendieran "por participación en la tarea concreta" y, por otra parte, que se sostuvieran discusiones sobre aspectos muy específicos de la práctica didáctica.

La evaluación del proyecto mostró que el acompañamiento en el aula permitía obtener resultados mucho más notables en relación con la transformación de la práctica, lo cual puede deberse simplemente a la mayor duración del trabajo conjunto, pero también puede atribuirse a la imposibilidad de encontrar otro instrumento de capacitación que resulte tan efectivo como compartir la realidad del aula.

Ahora bien, resulta inquietante que el acompañamiento en el aula siga siendo el mejor recurso para la capacitación, que lo consideremos incluso como el único realmente efectivo para transformar la práctica. Resulta inquietante por dos motivos: en primer lugar, porque nunca dispondremos de la cantidad de recursos humanos que sería necesaria para acompañar la práctica de todos los maestros, y esto es muy grave cuando lo que se pretende es evitar el fracaso escolar y lograr que todos los niños se formen como lectores y productores de texto; en segundo lugar, porque el hecho de que necesitemos imprescindiblemente compartir la práctica del maestro para poder comunicarle ciertos contenidos didácticos es síntoma de una carencia nuestra en la conceptualización de ese saber que queremos comunicar.

En este sentido, es pertinente citar una vez más a G. Brousseau (1991) quien, después de afirmar que la didáctica ha sido hasta hace pocos años un problema de opinión más que un estudio científico, señala:

> Los profesores y los especialistas en la disciplina en cuestión (los formadores de docentes) se ven conducidos entonces a minimizar el papel de toda teoría, a poner en primer plano el contenido puro o la experiencia profesional. Ésta puede ser considerada como hasta tal punto incomunicable que se ha llegado a afirmar que la mejor formación que se puede proponer a un futuro maestro es la que él puede adquirir en el trabajo mismo. Cabe preguntarse entonces qué es lo que impide que esta concepción empírica radical se aplique también a los propios niños y que se declare que la mejor formación en matemática para ellos sería la que pueden adquirir resolviendo completamente solos los problemas con que se encuentran.

Para superar esta concepción empírica, es necesario explicitar mejor los elementos teórico-didácticos que subyacen a nuestra propia práctica en el aula. El trabajo de investigación didáctica en el ámbito de la lengua escrita –que se viene realizando desde hace ya muchos años– ha permitido conceptualizar cada vez mejor las condiciones necesarias para que una situación de aprendizaje resulte productiva, los requisitos y características de la intervención docente, la función de la planificación, los parámetros en que se basa la evaluación. A medida que avancemos en la construcción de la didáctica de la lectura y la escritura, seguramente encontraremos mejores recursos para comunicar este saber a los demás.

Analizar rigurosamente diferentes situaciones de capacitación y las transformaciones que ellas producen, estudiar el proceso de reconstrucción del conocimiento didáctico por parte del maestro, evaluar las intervenciones del capacitador, detectar problemas que aún no nos resultan observables... en suma, hacer investigación didáctica en el terreno de la capacitación permitirá también encontrar recursos más efectivos para transformar la enseñanza de la lectura y la escritura.

Capítulo 3
Apuntes desde la perspectiva curricular[1]

Al elaborar documentos curriculares, se recorre un itinerario problemático.[2] Antes de analizar los problemas que es necesario enfrentar y las soluciones que es posible ir construyendo a medida que se avanza en ese recorrido, conviene explicitar algunas ideas esenciales que subyacen a la perspectiva curricular aquí adoptada:

1. Todos los problemas que se enfrentan en la producción curricular son problemas didácticos. Esto significa que se trata de problemas que sólo la didáctica de la lengua puede contribuir a resolver. Los saberes de las otras disciplinas –en particular los de la Lingüística, que estudia el objeto, y los de la Psicolingüística, que estudia la elaboración del conocimiento lingüístico por parte del sujeto– están indudablemente presentes, pero intervienen articulándose para comprender mejor los problemas didácticos que se plantean. Los saberes que estas otras disciplinas nos proveen constituyen una ayuda fundamental, pero no son suficientes para resolver los problemas curriculares. Resulta imprescindible recu-

---

[1] Este capítulo está basado en una conferencia dictada en el Primer Congreso Regional de "Lectura y Vida", 19 al 31 de mayo de 1997, y publicada en *Textos en Contexto*, núm. 4, Buenos Aires, 1998.

[2] Muchas de las ideas que se expondrán en el curso de este capítulo han sido elaboradas a partir de las arduas discusiones sostenidas cotidianamente, en el marco de la Dirección de Currícula de la Secretaría de Educación de la Ciudad de Buenos Aires, con las demás integrantes del Equipo de Lengua: Hilda Levy, Silvia Lobello, Liliana Lotito, Estela Lorente, Silvia Lobello y Nelda Natali.

rrir a un análisis estrictamente didáctico para encontrar las soluciones que se requieren.

2. Cuando se propone una transformación didáctica, es necesario tener en cuenta la naturaleza de la institución que la llevará a cabo, las presiones y restricciones que son inherentes a ella porque se derivan de la función social que le ha sido asignada. Es necesario prever cómo articular la propuesta que se intenta llevar a la práctica con esas necesidades y con esas presiones propias de la institución.

3. El problema didáctico fundamental que debemos enfrentar es el de la preservación del sentido del saber o de las prácticas que se están enseñando. A nivel del diseño curricular, preservar el sentido del objeto de enseñanza –de la lectura y la escritura, en este caso– plantea el desafío de plasmar en el documento una propuesta capaz de contribuir a concretar en la escuela condiciones generadoras de una cierta fidelidad a la forma en que funcionan socialmente fuera de la escuela los objetos que serán enseñados y aprendidos. Advertir que los saberes y las prácticas se modifican necesariamente al ser enseñados hace posible ejercer un control sobre esas modificaciones, hace posible preguntarse cuáles resultan necesarias en virtud de los propósitos educativos y cuáles deben evitarse para no desnaturalizar el saber que se pretende comunicar.

Por otra parte, el problema de la preservación del sentido debe considerarse simultánea y articuladamente desde el punto de vista del objeto de conocimiento y desde la perspectiva del sujeto que está intentando reconstruir ese conocimiento. Desde la perspectiva del sujeto –que no será posible desarrollar en los límites de este capítulo–, lo esencial es presentar cada contenido de tal modo que sea interpretable desde los conocimientos previos de los chicos y, al mismo tiempo, constituyan un desafío a esos conocimientos previos, que hagan necesaria la construcción del conocimiento al que se apunta, es decir, que "obliguen" a aprender el contenido que se aspira a enseñar.

Se trata –en suma– de que la presentación del objeto de enseñanza favorezca tanto la fidelidad al saber o a la práctica social que se pretende comunicar como las posibilidades del sujeto de atribuir un sentido personal a ese saber, de constituirse en participante activo de esa práctica.

Las tres cuestiones enunciadas cumplen un papel relevante en la definición y el análisis de los problemas planteados por el diseño curricular.

Acerca de los problemas curriculares

Elaborar documentos curriculares es un fuerte desafío porque, además de las dificultades involucradas en todo trabajo didáctico, es necesario asumir la responsabilidad de la prescripción. Los documentos curriculares adquieren un carácter prescriptivo, aun cuando sus autores no lo deseen y aun cuando –como en nuestro caso– la institución en la cual se están produciendo conciba la elaboración de currícula como un proceso que requiere muchas interacciones con la práctica y muchas correcciones, que no desemboca rápidamente en la producción de documentos definitivos.

Elaborar documentos curriculares supone además tomar decisiones que afectarán a muchas escuelas –todas las que pertenecen a una jurisdicción–. Hacer propuestas que se llevarán a la práctica en instituciones muy diversas plantea problemas diferentes de los que se presentan al orientar el trabajo de una escuela o de un aula particular, ya que resulta inevitable preguntarse por la validez de las propuestas para esa diversidad de situaciones cuyas especificidades no siempre es posible conocer de cerca.

La responsabilidad involucrada en la elaboración de documentos curriculares hace sentir fuertemente la necesidad de la investigación didáctica. Prescribir es posible cuando se está seguro de aquello que se prescribe, y se está tanto más seguro cuanto más investigada está la cuestión desde el punto de vista didáctico.

Dicho esto, comencemos a analizar nuestros problemas.

Construir el objeto de enseñanza

Si algo se espera de quienes están diseñando documentos curriculares, es que tomen decisiones acerca de cuáles serán los contenidos que deben ser enseñados. Mirada desde fuera, la tarea de seleccionar contenidos parece consistir simplemente en elegir entre saberes preexistentes –ya elaborados por las diferentes ciencias que se ocupan de ellos–, y seleccionar se reduciría entonces a definir algunos criterios para decidir cuáles de esos saberes serán enseñados.

Sin embargo, como lo ha mostrado hace tiempo Chevallard (1997), la decisión acerca de cuáles son los contenidos a enseñar y de cuáles serán considerados prioritarios supone, en realidad, una verdadera reconstrucción del objeto. Se trata de un primer nivel de la transposición didáctica: el pasaje de los saberes científicamente producidos o de las prácticas socialmente realizadas a los objetos o prácticas a enseñar. Veamos en qué sentido este pasaje supone una construcción:

1. En primer lugar, seleccionar es imprescindible porque es imposible enseñarlo todo; pero, al seleccionar determinados contenidos, se los separa del contexto de la ciencia o de la realidad en que están inmersos y en esa medida se los transforma y reelabora. La responsabilidad a nivel del diseño curricular es enorme, porque muchas deformaciones del objeto pueden tener su origen en este proceso de selección y por eso es fundamental ejercer una vigilancia que permita evitar un alejamiento excesivo entre el objeto de enseñanza y el objeto social de referencia.

2. Por otra parte, toda selección supone al mismo tiempo una jerarquización, una toma de decisión acerca de qué es lo que se va a considerar prioritario, de qué es lo que se enfatizará en el marco de ese objeto de enseñanza.

Ahora bien, ¿en qué basarse al tomar estas decisiones? Para fundamentarlas, no es suficiente –a diferencia de lo que a veces se cree– con recurrir a las ciencias que producen los saberes que serán enseñados. Los propósitos educativos cumplen un papel fundamental como criterio de selección y jerarquización de los contenidos.

¿Cómo se plantea esta cuestión en el caso de la lectura y la escritura? Puede afirmarse que el gran propósito educativo de la enseñanza de la lectura y la escritura en el curso de la educación obligatoria es el de incorporar a los chicos a la comunidad de lectores y escritores;[3] es el de *formar a los alumnos como ciudadanos de la cultura escrita.*

Si éste es el propósito, entonces está claro que el objeto de enseñanza debe definirse tomando como referencia fundamental *las prácticas sociales de lectura y escritura.* Sostener esto es muy diferente de sostener que el objeto de enseñanza es la lengua escrita: al poner en primer plano las prácticas, el

---

[3] Recordamos al lector que la palabra "escritores" se utiliza aquí en el sentido de personas que escriben eficazmente y que pueden utilizar la escritura como instrumento de reflexión sobre su propio pensamiento.

objeto de enseñanza incluye a la lengua escrita pero no se reduce a ella.

Esta distinción no es novedosa. En su análisis de los diferentes modelos educativos en relación con la lectura y la escritura producidos en el curso de este siglo en Francia, Jean Hébrard (1993) distingue los modelos que están centrados en enseñar a leer para leer –o a escribir para escribir, podríamos agregar– y los modelos para los cuales enseñar a leer y a escribir es sólo un medio para enseñar la lengua escrita.

Por supuesto, la manera en que esta distinción se concretaba en Francia a principios de siglo no es la misma que la que adopta hoy en América Latina. En vez de reflejarse en la introducción de verdaderos textos en la escuela, la primera posición dio lugar –por ejemplo– a la invención de un nuevo género: la novela escolar. ¡Se escribían novelas enteras –no sólo "libros de lectura"– especialmente para ser leídas en la escuela! Es evidente que el énfasis en formar lectores no conduce por fuerza a incluir en la escuela los libros que circulan fuera de su ámbito. La transposición didáctica estaba en acción pero no se había tomado conciencia de ella; por lo tanto, era imposible controlarla.

El segundo modelo –enseñar a leer para enseñar lengua– se expresaba fundamentalmente en ese entonces en la utilización de "textos escogidos" que eran utilizados como punto de partida para ejercicios gramaticales u ortográficos. Aunque esto no es muy diferente hoy en la mayoría de nuestras escuelas –aún es frecuente que se seleccionen los aspectos descriptivos y normativos como eje de la enseñanza de la lengua–, la cuestión que resulta importante subrayar en relación con esta posición en la actualidad es otra: se está haciendo un gran énfasis en los textos como tales o, mejor dicho, en las superestructuras textuales como tales, y se está corriendo el riesgo de que esos contenidos se desvinculen de la lectura y la escritura, se separen de las acciones y situaciones en cuyo contexto tienen sentido.

Resulta llamativo el éxito que ha tenido la caracterización de las diferentes superestructuras textuales como objeto de enseñanza: la definición de los formatos textuales ocupa un lugar de importancia en la mayoría de los libros de texto recientes y muchos docentes tienen la impresión de que ése es (o debe ser) el contenido prioritario de Lengua. ¿A qué puede atribuirse este éxito?, ¿cómo explicar la relativa facilidad con que estos contenidos han ingresado a la escuela?, ¿por qué han sido rápidamente asimilados como contenidos escolares legítimos, en tanto que otros saberes lingüísticos igualmente relevantes para el desarrollo de la lectura y la escritura no lo han sido? Cuando le planteamos estas preguntas a María Elena Rodríguez –en el curso de una consulta que le hizo nuestro equipo–, su respuesta nos pareció iluminadora: la superestructura tiene un alto grado de generalidad –o parece tenerla– ya que precisamente resume características que se conservan en los diferentes textos de un mismo género (al menos en aquellos que se ajustan a lo canónico); otros contenidos lingüísticos, en cambio, responden a problemas específicos que se plantean de manera diferente en *cada* texto. Por lo tanto, enseñar las características superestructurales propias de cada género resulta mucho más económico –sobre todo ocupa mucho menos tiempo de clase– que trabajar sobre los problemas propios de cada texto particular y sobre los contenidos lingüísticos que contribuyen a resolverlos.

El riesgo que se corre al acordar tanta importancia a esta cuestión es el siguiente: aunque manejar las características superestructurales ayuda a resolver algunos de los problemas planteados por los textos –en el sentido de que permite hacer anticipaciones ajustadas al género, si uno está leyendo, o autocorrecciones del propio escrito en función de las restricciones del género, si uno está escribiendo–, esto de ninguna manera es suficiente para resolver la multiplicidad de problemas involucrados en la construcción o en la comprensión de *cada* texto. Aprender a resolver estos múltiples problemas requiere enfrentarse con ellos en el marco de la lectura y la escritura, requiere producir como respuesta a esos problemas los conocimientos lingüísticos necesarios para resolverlos.

Por otra parte –y ésta es otra razón que puede explicar el éxito de las superestructuras textuales–, es característico de la institución escolar el tener gran inclinación hacia las clasificaciones. Esta tendencia adoptar y acordar un lugar importante a los contenidos que incluyen clasificaciones fuertes es al mismo tiempo comprensible –porque las clasificaciones proveen un esquema seguro con el cual trabajar, un esquema útil para ser aplicado en muchas y diversas situaciones– y peligrosa, porque lleva en sí el riesgo de la simplificación y la cristalización de los conocimientos.

En todo caso, sean cuales fueren las causas que han llevado a sobredimensionar las superestructuras textuales, *lo importante es evitar una nueva sustitución del objeto de enseñanza*. Para formar lectores y escritores, es necesario dedicar mucho tiempo escolar a la de la lectura y a la de la escritura. No corramos el riesgo de sustituirlas de nuevo por otros contenidos: poco se habrá ganado en cuanto a la formación de lectores y escritores si el tiempo que antes se dedicaba a trabajar en gramática oracional se consagra ahora a la verbalización de las características de los diferentes formatos textuales.

Ahora bien, definir como objeto de enseñanza las prácticas sociales de lectura y escritura supone poner énfasis en los propósitos de la lectura y la escritura en distintas situaciones –es decir, en las razones que llevan a la gente a leer y escribir–, en las maneras de leer, en todo lo que *hacen* los lectores y escritores, en las relaciones que lectores y escritores sostienen entre sí respecto a los textos. Éstos, por supuesto, están incluidos también en esas prácticas y por consiguiente resultan pertinentes todos los saberes vinculados con ellos que nos ha aportado la lingüística textual, pero están allí no como el eje fundamental de la enseñanza sino –si se me permite una imagen de gramática oracional– como el objeto directo de las acciones de leer y escribir. Sostener que el objeto de enseñanza se construye tomando como referencia fundamental la práctica social de la lectura y la escritura supone, entonces, *incluir* los textos pero *no reducir* el objeto de enseñanza a ellos.

Las decisiones involucradas en la selección y jerarquización de los contenidos son cruciales porque –como lo ha mostrado la teoría crítica del currículum– decidir qué aspectos del objeto se muestran supone también decidir cuáles se ocultan; decidir qué es lo que se enseña significa, al mismo tiempo y necesariamente, decidir qué es lo que no se enseña. Tradicionalmente, lo que se concibe como objeto de enseñanza es la *lengua*, y en particular sus aspectos descriptivos y normativos. Las prácticas de lectura y escritura como tales han estado prácticamente ausentes de los currícula y los efectos de esta ausencia son evidentes: la reproducción de las desigualdades sociales relacionadas con el dominio de la lectura y la escritura. Éstas seguirán siendo patrimonio exclusivo de aquellos que nacen y crecen en medios letrados hasta que el sistema educativo tome la decisión de constituir esas prácticas sociales en objeto de enseñanza y de encarnarlas en la realidad cotidiana del aula, hasta que la institución escolar pueda concretar la responsabilidad de generar en su seno las condiciones propicias para que todos los alumnos se apropien de esas prácticas.

La gravedad de este problema es tal que algunos estudiosos de la historia de la lectura han llegado a dudar de que el aprendizaje de esta práctica social pueda tener lugar en la escuela. En este sentido, Jean Hébrard (1993) señala:

> ¿Es posible aprender a leer? Para la escuela es evidente que sí [...] y, justamente porque se concibe como posible, se atribuye a ese aprendizaje un extraordinario poder de acción sobre las nuevas generaciones e incluso, a través de ellas, sobre ciertos grupos sociales a los que ellas pertenecen. La supuesta neutralidad cultural del acto de leer, su aparente instrumentalidad, garantizan su eficacia social, según lo supone el discurso alfabetizador. Sin embargo, para la sociología de las prácticas culturales la lectura es un arte de hacer que se hereda más de lo que se aprende.

Lo que muestran entonces algunos estudios sociológicos e históricos es que llegan a ser "practicantes" de la lectura y la escritura en el pleno sentido de la palabra sólo aquellos que las heredaron como se heredan los patrimonios familiares.

Hay que tener en cuenta estas conclusiones, no para asumir una posición pesimista en relación con las posibilidades de acción de la escuela sino, muy por el contrario, para reconocer que es crucial desarrollar investigaciones que conduzcan a definir cuáles son las condiciones didácticas que pueden favorecer la supervivencia de la lectura y la escritura en la escuela, para estudiar profundamente de qué manera se pueden articular las presiones y necesidades de la institución escolar con el propósito de incorporar a *todos* los alumnos –y no sólo a los que ya participan de ellas fuera de la escuela– a esas prácticas sociales.

Caracterizar el objeto de referencia: las prácticas de lectura y escritura

Una vez que se ha decidido construir el objeto de enseñanza a imagen y semejanza de las prácticas sociales de lectura y escritura, es necesario dilucidar en qué consisten estas prácticas, es necesario examinarlas de cerca para poder explicitar cuáles son los contenidos involucrados en ellas e intentar definir las condiciones didácticas potencialmente capaces de preservar su sentido.

La caracterización del objeto de referencia –del "modelo" que orienta la construcción del objeto de enseñanza– resulta especialmente problemática en nuestra área. En efecto, el objeto a enseñar en este caso no es producto de la actividad científica, o por lo menos no lo es en el mismo sentido que otros. Cuando se trata de enseñar, por ejemplo, la proporcionalidad o las guerras de independencia, es posible tomar como referencia la definición que la matemática hace de la proporcionalidad y sus propiedades o las investigaciones e interpretaciones históricas acerca de las guerras de independencia. Las prácticas sociales de lectura y escritura, en cambio, existen desde mucho tiempo antes y son independientes de los estudios –lingüísticos, psicolingüísticos, sociolingüísticos...– que se ocupan de ellas. La contribución de las ciencias del lenguaje es, de todos modos, fundamental ya que, si bien no nos suministran un objeto de referencia directo con base en el cual delinear el objeto de enseñanza, hacen un aporte decisivo a la conceptualización de las prácticas y permiten así explicitar algunos de los contenidos que deben estar en juego en el aula: las estrategias puestas en acción por los lectores, las relaciones entre los propósitos y las modalidades de lectura, las operaciones involucradas en la escritura, los problemas que se plantean al escribir y los recursos lingüísticos que contribuyen a resolverlos…

Sin embargo, esto no es suficiente. Mucha investigación queda por hacer para tener un conocimiento confiable y riguroso del funcionamiento de la lectura y la escritura en tanto prácticas sociales. La necesidad de subsanar esta carencia ha sido ya señalada por Bronckart y Schneuwly (1996), quienes hacen notar que ni siquiera conocemos con el rigor deseado las prácticas relativas a un tema tan trabajado como la *diversificación* de la producción textual:

> En el plano de los principios, todo el mundo admite que es necesario preparar a los alumnos para dominar los diversos textos que funcionan en el medio (francófono), textos que ellos tendrán que producir y comprender en su vida profesional futura. Para aplicar este principio, el didacta debe necesariamente disponer de un conocimiento de estas prácticas que supere las intuiciones, las ideas recibidas y los efectos de la moda, lo que requiere la realización de investigaciones profundas.

Seguramente, las prácticas actuales serán objeto en el futuro de nuevos estudios desde la perspectiva sociológica e histórica. Mientras tanto –y con el apoyo, por supuesto, de los estudios disponibles–, resulta necesario recurrir a un análisis intuitivo y no tan riguroso como sería deseable de algunos aspectos de las prácticas, de los quehaceres de lectores y escritores.

Los estudios históricos nos permiten circunscribir algunas constantes y variaciones que aparecen en las prácticas en diferentes sociedades o épocas y nos aportan así un conjunto de saberes a partir de los cuales podemos interrogar las prácticas actuales para entenderlas y definirlas mejor.

Un ejemplo permitirá mostrar en qué consiste este cuestionamiento. Los análisis históricos han revelado que las prácticas de lectura parecen haber sido en primer lugar *intensivas* para luego transformarse poco a poco en *extensivas*. Esto quiere decir que originalmente se leían unos pocos textos de manera muy intensa, profunda y reiterada, y luego hubo un tránsito hacia otra manera de leer, que abarca una enorme variedad de textos y opera de manera más rápida y superficial. Además se observa que, si bien la práctica intensiva es anterior a la extensiva, las dos modalidades suelen coexistir en una misma sociedad: una puede predominar sobre la otra y pueden distribuirse de manera diferente en función de los grupos sociales. En los sectores más pudientes o más letrados, las prácticas tienden a ser más extensivas, mientras que las prácticas intensivas han perdurado por mucho tiempo en los sectores populares.

La distribución de prácticas intensivas o extensivas se correspondía además con otra variable en el caso de la lectura: ésta podía tener lugar en forma más bien pública o más bien privada. La lectura intensiva –por ejemplo la de la Biblia en las sociedades protestantes– aparece generalmente vinculada con la lectura en voz alta realizada en comunidad, en tanto que la lectura extensiva se relaciona en general con la lectura solitaria, que se desarrolla en la intimidad.

Si tenemos en cuenta estas categorías, es posible interrogar las prácticas que tienen lugar aquí y ahora. ¿Cómo son nuestras prácticas de lectura?, ¿más bien intensivas o más bien extensivas? Al analizar las prácticas actuales a la luz de estas preguntas, y aun cuando el análisis no alcance el rigor necesario para la definición didáctica requerida, se puede afirmar que lo predominante es una práctica extensiva de la lectura –fuertemente extensiva, dado el aumento constante de la cantidad de materiales de lectura disponibles–, pero que las prácticas intensivas están lejos de haber desaparecido. En esta última categoría se ubican indudablemente –por ejemplo– las lecturas reiteradas y profundas de la obra de autores como Lacan, Freud o Piaget, cuyos textos son leídos y releídos buscando establecer diferentes relaciones, hacer nuevos descubrimientos.

En relación con la dimensión público-privado, si bien en la actualidad la lectura tiende a ser más bien privada, persisten sin embargo muchas situaciones de lectura pública: los políticos leen en voz alta sus discursos a los asistentes, en los grupos de estudio hay una lectura compartida de aquello que se está discutiendo, frente a la cartelera de un diario la gente lee y comenta las noticias que van apareciendo. Hay también una lectura compartida en la intimidad: la lectura del diario cada mañana, la lectura nocturna de cuentos a los hijos.

Por otra parte, hay un denominador común que atraviesa las prácticas a lo largo de la historia y que está claramente presente también en la actualidad. En efecto, la lectura y la escritura aparecen siempre insertas en las relaciones con las otras personas, suponen interacciones entre lectores acerca de los textos: comentar con otros lo que se está leyendo, recomendar lo que se considera valioso, discutir diversas interpretaciones de una misma obra, intercambiar ideas sobre las relaciones entre diferentes obras y autores...
En este sentido, Olson (1998) señala:

> El dominio de la escritura es una condición social; cuando leemos o escribimos un texto participamos de una "comunidad textual", de un grupo de lectores que también escriben y oyen, que comparten una determinada manera de leer y entender un *corpus* de textos. Volverse lector en un dominio específico significa aprender a participar de un paradigma, en el mismo sentido en que Kuhn propuso esa noción para describir una comunidad científica que comparte un mismo conjunto de textos, un mismo conjunto de interpretaciones y un mismo conjunto de creencias con respecto a los problemas que se investigan. Para dominar la escritura no basta con conocer las palabras, es necesario aprender a compartir el discurso de alguna comunidad textual, lo que implica saber cuáles son los textos importantes, cómo deben ser leídos o interpretados, cómo deben ser aplicados en el habla y en la acción. [...] Pensamos en el dominio de la escritura como una

condición al mismo tiempo cognitiva y social: la capacidad de participar activamente en una comunidad de lectores que acuerdan ciertos principios de lectura, un conjunto de textos que son tratados como significativos y una hipótesis de trabajo sobre las interpretaciones apropiadas o válidas de esos textos.

Después de haber intentado caracterizar las prácticas sociales de lectura y escritura, es imprescindible preguntarse cuáles son las decisiones que pueden favorecer su ingreso a la escuela, cuál es la contribución que puede hacerse desde el diseño curricular para instalar las prácticas de lectura y escritura como objeto de enseñanza.

Explicitar contenidos involucrados en las prácticas

Escolarizar prácticas sociales es un desafío porque –como señalamos en el primer capítulo– las prácticas son totalidades indisociables y por lo tanto difícilmente secuenciables, porque tienen muchos componentes implícitos que no se pueden transmitir oralmente y que sólo pueden comunicarse ejerciéndolas, porque involucran a veces distribuciones desiguales entre los grupos sociales...

"Se aprende a leer, leyendo" y "se aprende a escribir, escribiendo" son lemas educativos que han expresado el propósito de instalar las prácticas de lectura y escritura como objeto de enseñanza. A pesar de que estos lemas están hoy muy difundidos, su concreción en la actividad cotidiana del aula es aún poco frecuente. ¿A qué se debe esta distancia entre lo que se intenta hacer y lo que efectivamente se hace? Entre las razones que la explican, hay una que es fundamental considerar al diseñar un currículum: no es suficiente –desde la perspectiva del rol docente– reconocer que se aprende a leer, leyendo (o a escribir, escribiendo), es imprescindible además esclarecer qué es lo que se aprende cuando se lee o se escribe en clase, cuáles son los contenidos que se están enseñando y aprendiendo al leer o al escribir.

Explicitar los contenidos involucrados en las prácticas de lectura y escritura es entonces una responsabilidad ineludible de quienes elaboran documentos curriculares. Al explicitarlos, se hará posible aminorar la incertidumbre que experimentan los docentes ante la perspectiva de dedicar mucho tiempo escolar a ejercer esas prácticas, porque es ese despliegue el que puede permitirles aprehender cuáles son los conocimientos que se movilizan al ejercerlas, qué contenidos pueden aprender sus alumnos mientras actúan como lectores y escritores.

Ahora bien, ¿cómo desplegar los contenidos?, ¿cómo objetivar aquellos aspectos de las prácticas que resulta imposible transmitir verbalmente? Considerar que el objeto de enseñanza se construye tomando como referencia las prácticas de lectura y escritura supone —ya se ha señalado— acordar un lugar importante a lo que *hacen* los lectores y escritores, supone concebir como contenidos fundamentales de la enseñanza los *quehaceres del lector*, los *quehaceres del escritor*.

Al instituir como contenidos escolares los quehaceres ejercidos por lectores y escritores en la vida cotidiana, se consideran dos dimensiones: por una parte, la dimensión social —interpersonal, pública— a la que alude D. Olson cuando se refiere a la "comunidad textual" y, por otra parte, una dimensión psicológica —personal, privada.

Entre los quehaceres del lector que implican interacciones con otras personas acerca de los textos, se encuentran, por ejemplo, los siguientes: comentar o recomendar lo que se ha leído, compartir la lectura, confrontar con otros lectores las interpretaciones generadas por un libro o una noticia, discutir sobre las intenciones implícitas en los titulares de cierto periódico... Entre los más privados, en cambio, se encuentran quehaceres tales como anticipar lo que sigue en el texto, releer un fragmento anterior para verificar lo que se ha comprendido cuando se detecta una incongruencia, saltear lo que no se entiende o no interesa y avanzar para comprender mejor, identificarse con el autor o distanciarse de él asumiendo una posición crítica, adecuar la modalidad de lectura –exploratoria o exhaustiva, detenida o rápida, cuidadosa o distendida...– a los propósitos que se persiguen y al texto que se está leyendo...

En cuanto a los quehaceres del escritor, la distinción entre lo compartido y lo privado es menos nítida, quizá porque la escritura es más solitaria que la lectura pero –al mismo tiempo– obliga a quien la ejerce a tener constantemente presente el punto de vista de los otros, de los futuros lectores. Planificar, textualizar, revisar una y otra vez... son los grandes quehaceres del escritor, que no son observables desde el exterior y se llevan a cabo, en general, en privado. Sin embargo, *decidir los aspectos del tema que se tratarán en el texto* –un quehacer más específico involucrado en el proceso de planificación– supone *determinar cuál es la información que es necesario brindar a los lectores y cuál puede omitirse porque es previsible que éstos ya la manejen o puedan inferirla*, es decir, supone considerar los probables conocimientos de los destinatarios. *Evitar ambigüedades o malentendidos* –un quehacer involucrado en el proceso de textualización/revisión– implica al mismo tiempo una lucha solitaria con el texto y un constante desdoblamiento del escritor que intenta representarse lo que sabe o piensa el lector potencial... Las exigencias de este desdoblamiento llevan al escritor a poner en acción otros quehaceres en los cuales se encarna más claramente la dimensión interpersonal: *discutir con otros cuál es el efecto que se aspira a producir en los destinatarios a través del texto y cuáles son los recursos para lograrlo; someter a consideración de algunos lectores lo que se ha escrito o se está escribiendo...*

Por otra parte, quehaceres que pertenecen a la esfera más íntima del escritor cuando la producción es individual pasan a ser también interpersonales –sin dejar de ser personales– cuando la producción es grupal. Escribir con otros obliga a debatir para tomar decisiones consensuadas acerca de los múltiples problemas que plantea la escritura y de este modo se constituyen en objeto de reflexión cuestiones que pueden permanecer implícitas cuando se escribe en soledad.

Ahora bien, lo dicho hasta aquí puede permitir puntualizar que:

1. Los quehaceres del lector y del escritor son *contenidos* –y no actividades, como podría creerse a partir de la formulación en infinitivo– porque son aspectos de lo que se espera que los alumnos aprendan, porque se hacen presentes en el aula precisamente para que los alumnos se apropien de ellos y puedan ponerlos en acción en el futuro, como practicantes de la lectura y la escritura.

2. El concepto de "quehaceres del lector y del escritor" no coincide con el de "contenidos procedimentales". En tanto que estos últimos se definen por contraposición con los contenidos "conceptuales" y "actitudinales" –en el marco de una clasificación muy difundida en la actualidad–, pensar en "quehaceres" como instancias constituyentes de las prácticas de lectura y escritura supone contemplar esas tres dimensiones, pero sin compartimentarlas. En efecto, un quehacer como "atreverse a leer textos difíciles" –para tomar un ejemplo al cual volveremos a referirnos luego–, supone indudablemente una actitud de confianza en uno mismo como lector, supone también la movilización de estrategias tales como leer en primer término el texto completo para construir una idea global de su sentido, hacer una segunda lectura más detenida, saltar lo que no se **entiende y regresar a ello con los elementos recogidos en la** nueva lectura, hacer hipótesis en función del contexto sobre el significado de las palabras desconocidas en lugar de buscarlas sistemáticamente en el diccionario o de quedarse fijado en ellas, recurrir a otros textos que puedan aportar elementos para la comprensión del que se está leyendo... Poner en acción estas estrategias implica necesariamente, de manera inseparable, movilizar los conocimientos que ya se tienen –y que resultan pertinentes para profundizar la comprensión– acerca del tema tratado en el texto, del autor y sus probables intenciones, del género... Es así como, en un mismo quehacer, pueden confluir lo actitudinal, lo procedimental y lo conceptual.[4]

Finalmente, hay que señalar que, al ejercer quehaceres del lector y del escritor, los alumnos tienen también la oportunidad de adentrarse en el mundo de los textos, de apropiarse de los rasgos distintivos –más o menos canónicos– de ciertos géneros, de ir detectando matices que distinguen el "lenguaje que se escribe" y lo diferencian de la oralidad coloquial, de poner en acción –en tanto practicantes de la lectura y la escritura– recursos lingüísticos a los que es necesario apelar para resolver los diversos problemas que se plantean al producir o interpretar textos... Es así como, al actuar como lectores y escritores, los alumnos tienen oportunidad de apropiarse de contenidos lingüísticos que adquieren sentido en el marco de las prácticas; es así como las prácticas de lectura y escritura se constituyen progresivamente en fuente de reflexión metalingüística.

---

[4] Retomamos así el sentido original de esta distinción, que no estaba dirigida a producir una clasificación de los contenidos sino a poner en evidencia la necesidad de tomar explícitamente en consideración las tres dimensiones para evitar la transmisión de valores o actitudes –discriminatorios, por ejemplo– hacia los cuales no se desea tender pero que se filtran inadvertidamente asociados a ciertos contenidos ("el currículum oculto"), así como para incluir entre los contenidos los procesos de producción del conocimiento que, en la enseñanza usual, son dejados de lado a favor de la transmisión directa de los productos ("currículum nulo").

PRESERVAR EL SENTIDO DE LOS CONTENIDOS

Desplegar los contenidos implícitos en las prácticas es indispensable, pero supone también correr riesgos en relación con la preservación del sentido. Advertir cuáles son estos riesgos es un paso importante para evitarlos.

Un primer riesgo es el de caer en la tentación de transmitir verbalmente a los niños esos contenidos que han sido explicitados. Es pertinente entonces subrayar que preservar el sentido de los quehaceres del lector y del escritor supone propiciar que sean adquiridos por participación en las prácticas de las que forman parte, que se pongan efectivamente en acción en lugar de ser sustituidos por meras verbalizaciones.

En este sentido, es útil distinguir –como hemos hecho en otro lugar (Lerner, Lotito, Levy y otros, 1996,1997)– entre contenidos *en acción* y contenidos *objeto de reflexión*. Un contenido está *en acción* cada vez que es puesto en juego por el maestro o por los alumnos al leer o al escribir, y es objeto de enseñanza y de aprendizaje aun cuando no sea objeto de ninguna explicitación verbal; ese mismo contenido puede constituirse en otro momento en *objeto de reflexión*, cuando los problemas planteados por la escritura o por la lectura así lo requieran.

Algunos ejemplos pueden aclarar esta distinción:

1. Leer noticias con frecuencia permitirá a los niños tanto familiarizarse con ese tipo de textos como adecuar cada vez mejor la modalidad de lectura a sus características y, en estas situaciones, aunque no se haya pronunciado una palabra acerca de los rasgos propios del género ni de la modalidad de lectura, dichos contenidos estarán *en acción* y serán objeto de aprendizaje. Las características del género pueden pasar a constituirse en objeto de reflexión cuando se trate de escribir una noticia ya que, para producir un texto que efectivamente se parezca a una noticia, el escritor tendrá que tener en cuenta de manera explícita las características del género. En cuanto al quehacer que consiste en *adecuar la modalidad de lectura al género*, la necesidad de reflexionar sobre él puede plantearse cuando algún miembro del grupo necesite ayuda para progresar en su manera de leer noticias: para reparar en que los titulares pueden ayudarlos a anticipar el contenido de las noticias, para tomar conciencia de que no necesitan leer la totalidad del texto sino que pueden saltear ciertas partes que repiten información o de que –por el contrario– han salteado algún aspecto esencial del cuerpo de la noticia al cual hubiera sido mejor prestar atención...

2. Las situaciones didácticas de producción grupal, siempre y cuando estén concebidas a imagen y semejanza de las situaciones de coautoría que son habituales en la práctica social, permiten poner en común conocimientos diferentes aportados por los distintos miembros del grupo y, en esta medida, hacen posible constituir como contenidos de reflexión quehaceres del escritor y contenidos lingüísticos que están simplemente "en acción" en otras situaciones. Es así como –para dar sólo un ejemplo– un quehacer como *evitar repeticiones innecesarias* puede dar lugar a reflexionar sobre la conveniencia de *sustituir por otros elementos lexicales* –por construcciones que, además de evitar la repetición, permiten aportar nueva información acerca del referente– o de *sustituir por un pronombre* o, simplemente, de *elidir el elemento repetido*. Sostener con los compañeros discusiones como éstas hace posible que los niños sean cada vez más capaces de sostenerlas consigo mismos, a la hora de la producción individual.[5]

En síntesis, ejercer las prácticas de lectura y escritura es condición necesaria para poder reflexionar sobre ellas. Es

---

[5] Procesos similares tienen lugar en el caso de la lectura. Leer y discutir con otros textos que resultan "difíciles", parece hacer posible –según lo muestran nuestras experiencias didácticas– tanto coordinar saberes de diferentes lectores que contribuyen a la comprensión como dar lugar a una progresiva interiorización de conocimientos que cada uno podrá utilizar luego, al leer en soledad.

fundamental evitar que *hacer* y *pensar sobre el hacer* sean sustituidos por un simple "hablar de" aquello que sería necesario hacer o sobre lo cual sería necesario reflexionar.

El segundo riesgo que se corre al explicitar los quehaceres del lector y del escritor es el de producir un nuevo parcelamiento del objeto de enseñanza.

En efecto, la tradicional distribución del tiempo didáctico –la correspondencia entre fragmentos de tiempo y fragmentos de saber a la que nos referimos en el capítulo anterior– podría llevar a interpretar que los quehaceres pueden enseñarse uno a uno, creando actividades específicas para trabajar sobre cada uno de ellos y separándolos así de la totalidad indisociable y compleja que es la práctica en la cual están involucrados. Para contrarrestar esta nueva y simplificadora tentación, es imprescindible subrayar que la lectura y la escritura son actos globales e indivisibles y que sólo es posible apropiarse de los quehaceres que las constituyen en el marco de situaciones semejantes a las que tienen lugar fuera de la escuela, orientadas hacia propósitos para cuya consecución es relevante leer y escribir.

Ahora bien, si se quiere preservar el sentido de las prácticas, es necesario enfrentar un tercer riesgo: el de creer que es suficiente con abrir las puertas de la escuela para que la lectura y la escritura entren en ella y funcionen tal y como lo hacen en otros ámbitos sociales. En el ámbito escolar, esas prácticas no pueden funcionar de la misma manera que fuera de él, porque en la escuela la lectura y la escritura existen en tanto *objetos de enseñanza*.

En consecuencia, para evitar que las intenciones didácticas inherentes a la institución escolar impidan la supervivencia de la lectura y la escritura, no es suficiente con abrir las puertas para dejarlas pasar, es imprescindible *construir condiciones di-*

dácticas favorables para el desarrollo de esas prácticas, es necesario tratar a los alumnos como lectores y escritores plenos para que ellos puedan empezar a actuar como tales a pesar de ser alumnos. En la creación de estas condiciones cumplen un papel fundamental –tal como veremos en el próximo capítulo– las modalidades organizativas que aseguran continuidad en las acciones y permiten coordinar los propósitos didácticos (realizables en el largo plazo) con los que orientan los quehaceres del lector y del escritor, propósitos que tienen sentido actual para el alumno y son realizables en plazos relativamente cortos.

Finalmente, es necesario advertir que la escuela no puede limitarse a reproducir las prácticas tal como son fuera de ella. Al mismo tiempo que velará por la preservación del sentido de aquellas prácticas que son valiosas para el desarrollo de los alumnos, evitará reproducir aspectos no-éticos que las prácticas sociales lamentablemente incluyen –intentar manipular a otros a través de un escrito publicitario engañoso, por ejemplo–. La tarea educativa supone, por otra parte, el esfuerzo por formar sujetos capaces de analizar críticamente la realidad; por lo tanto, además de promover una intensa participación en las prácticas de lectura y escritura, la escuela favorecerá un distanciamiento que permita conceptualizarlas y analizarlas críticamente.

Los quehaceres del lector en la escuela: tensiones y paradojas[6]

Al intentar que los quehaceres del lector ingresen en la escuela, se presentan algunos obstáculos sobre los cuales es ne-

---

[6] Algunos aspectos del análisis que se hace en este punto se han desarrollado ya en el Documento de actualización curricular de lengua, núm. 4 (véase referencia en Bibliografía).

cesario reflexionar para encontrar caminos que permitan superarlos. El análisis que es posible desarrollar aquí se centrará en las vicisitudes sufridas por dos quehaceres que todo lector pone en acción en la práctica social:

1. Elegir qué, cómo, dónde y cuándo lee;
2. Atreverse a leer textos difíciles.

En los dos casos, la transposición didáctica plantea serios problemas. En relación con la posibilidad de elegir, quisiera citar un fragmento de ese libro que Daniel Pennac tituló *Como una novela* y que nunca sabremos si es o no es una novela. El autor reseña el siguiente diálogo:

>Yo le pregunto: ¿Te leían historias en voz alta cuando eras pequeña?
>Ella me contesta: Jamás. Mi padre viajaba con mucha frecuencia y mi madre estaba demasiado ocupada.
>Yo le pregunto: ¿Entonces de dónde te viene ese gusto por la lectura en voz alta?
>Ella me contesta: De la escuela.
>Contento de oír que alguien le reconoce un mérito a la escuela, exclamo lleno de alegría: ¡Ah! ¡¡Lo ves?!
>Ella me dice: En absoluto, en la escuela nos *prohibían* la lectura en voz alta. La lectura silenciosa ya era el credo de la época. Directo del ojo al cerebro. Transcripción instantánea. Rapidez, eficacia. Con un test de comprensión cada diez líneas. ¡La religión del análisis y del comentario desde el primer momento! ¡La mayoría de los chicos se morían de miedo, y sólo era el principio! Todas mis respuestas eran exactas, por si quieres saberlo; pero, de vuelta a casa, lo releía todo en voz alta.
>–¿Por qué?
>–Para maravillarme, las palabras pronunciadas comenzaban a existir fuera de mí, vivían realmente. Y además, me parecía que era un

acto de amor. Que era el amor mismo. Siempre he tenido la impresión de que el amor al libro pasa por el amor a secas.

Es una manera de mostrar el extraño dilema que enfrenta la escuela: si se centra en la lectura en voz alta, los alumnos le temen y pueden llegar a aborrecerla; si, en cambio la prohíbe, los alumnos –o por lo menos algunos de ellos– la añoran y la buscan por sí mismos. ¿Cuál es la razón de que la escuela obtenga exactamente lo contrario de lo que se propone?

Una de las razones de este infortunio es –creemos– el conflicto que se plantea entre lo obligatorio y lo electivo. El mismo Pennac (1993) dice: "El verbo 'leer' no soporta el imperativo. Aversión que comparte con otros verbos: el verbo 'amar'..., el verbo 'soñar'... Claro que siempre se puede intentar. Adelante: 'Ámame', 'Sueña', 'Lee', '¡Lee!', '¡Pero lee de una vez, te ordeno que leas, caramba!'"

En tanto que, fuera de la escuela, la lectura se mantiene en general ajena a lo obligatorio, dentro de ella no puede escapar de la obligatoriedad. En la escuela, lectura y escritura son necesariamente obligatorias porque enseñar a leer y escribir es una responsabilidad inalienable de la institución escolar. Y es por eso que la escuela enfrenta una paradoja en relación con esta cuestión: como asume la responsabilidad social de enseñar a leer y escribir, tiene que presentar la lectura y la escritura como obligatorias y asignarles entonces como propósito único o predominante el de aprender a leer y escribir. Esta transformación cambia profundamente el sentido de la lectura y la escritura, las convierte en algo muy diferente de lo que son fuera de la escuela: actividades fuertemente cargadas de sentido para los lectores o escritores, insertas en proyectos valiosos y orientadas a cumplir propósitos con los cuales ellos están comprometidos.

Por otra parte, la responsabilidad que la escuela tiene en relación con la enseñanza la obliga también a ejercer un fuerte control sobre el aprendizaje, exigencia que lleva a privilegiar algunas cuestiones y dejar de lado otras. La elección por parte de los alumnos de lo que van a leer se opone fuertemente al control: si cada chico elige un libro diferente, para el maestro o profesor resulta muy difícil conocer de antemano todos los libros que sus alumnos han elegido, lo cual hace casi imposible controlar la comprensión de lo que han leído. Además, la prioridad acordada al control determina el ritmo de trabajo en lectura: sólo se lee aquello que es posible comentar en clase y con todo el grupo al mismo tiempo. De este modo, dar lugar a la elección se hace difícil.

¿Cómo pueden empezar a resolverse estas tensiones?

La inserción de la lectura y la escritura en proyectos proporciona un principio de solución porque, en la medida en que los alumnos se impliquen en esos proyectos, lo obligatorio resultará al mismo tiempo voluntariamente elegido por ellos. Sin embargo, esto no es suficiente. Parece necesario además abrir espacios donde la elección de los alumnos pase al primer plano. Es importante –por ejemplo– desarrollar en cada año escolar actividades permanentes o periódicas concebidas de tal modo que cada uno de los alumnos tenga la posibilidad de leer un cuento –el favorito, el que está muy interesado en compartir– a los demás, o bien elegir un poema que lo conmueve para leerlo a sus compañeros, o compartir curiosidades científicas que llaman la atención a varios de ellos...

Plantear este tipo de actividades supone –lo sabemos– limitar las exigencias del control, aceptar que habrá algunas situaciones que no controlaremos tanto como otras. Hacer confluir lo obligatorio y lo electivo supone al mismo tiempo equilibrar las necesidades de la enseñanza con las necesidades del control de los aprendizajes.

En relación con esta tensión –ya señalada en el primer capítulo– entre enseñanza y control de los aprendizajes, la escuela enfrenta una paradoja: si se aspira a enseñar mucho, resulta imposible controlarlo todo y, si se intenta controlar todo, entonces se opera una fuerte reducción en los contenidos y se renuncia a aquellos cuyo control resulta más complejo. Ser consciente de esta tensión hace posible tomar la decisión de intentar *evitar la reducción de lo enseñado en función de las necesidades del control.* Esto no significa renunciar al control, sino hacer coexistir actividades en las cuales sea posible controlar la comprensión y el aprendizaje de la lectura en general –sin perjudicarlos– con otras que promuevan la elección por parte de los alumnos y favorezcan que ellos lean *mucho.* Se trata, en suma, de abrir espacios donde los alumnos puedan ejercer en la escuela esa práctica *extensiva* de la lectura que –como hemos visto– es la predominante en nuestra sociedad.

Atreverse a leer textos difíciles –que resultan difíciles para ciertos lectores en determinado momento (ya que la noción de dificultad es, por supuesto, relativa)– es otro quehacer del lector que encuentra obstáculos para ingresar en la escuela.

Antes de desplegar los problemas planteados por la transposición didáctica de este quehacer del lector, quisiera subrayar su importancia: aprender a leer textos "difíciles" es un aspecto prioritario de la formación del lector en la enseñanza obligatoria porque está vinculado con el propósito de preparar a los alumnos para desarrollar con éxito estudios posteriores, para insertarse en la vida académica. Las dificultades que suelen tener los alumnos de escuela secundaria para leer textos de ciencias sociales o de ciencias naturales –sobre todo cuando se trata de verdaderos textos, de artículos producidos por estudiosos de esas áreas o de artículos periodísticos de divulgación científica– han sido puestas de manifiesto con frecuencia. Esas dificultades se han constituido para nosotros en una señal de alarma y nos han llevado a enfrentar con frecuencia a los alumnos –desde la escuela primaria– con textos difíciles para ellos, a concebir como un contenido relevante el atreverse a abordarlos y realizar los esfuerzos necesarios para comprenderlos.

Lo habitual en la escuela primaria es –y es lógico que así sea– trabajar con textos que están dirigidos a chicos, que han sido producidos pensando en los niños como lectores potenciales. Es mucho menos habitual cometer la osadía de enfrentarlos con textos que no están dirigidos especialmente a ellos y que, por lo tanto, no incluyen toda la información que necesitarían para entender –en tanto que los adultos ya disponen de ella y pueden "agregarla" al texto– ni se limitan al léxico que se supone conocido por los chicos.

El problema que uno no puede dejar de plantearse es el siguiente: está muy claro que *no se aprende a leer textos difíciles leyendo textos fáciles*; los textos fáciles sólo habilitan para seguir leyendo textos fáciles. Si pretendemos que los alumnos construyan para sí mismos, para su desempeño futuro como lectores, el comportamiento de atreverse a leer textos que les resulten difíciles –no sólo en relación con lo académico sino también con lo literario–, entonces es imprescindible enfrentar el desafío de incorporar esos textos en nuestro trabajo.

Ahora bien, ¿cuál es el obstáculo con el que tropieza este quehacer del lector al intentar ingresar en la escuela? El obstáculo es, precisamente, que el trabajo sobre lo difícil es muy difícil en la escuela.

La escuela es una institución que tiene la responsabilidad de –para decirlo con términos de César Coll (1993)– "engarzar los saberes científicamente construidos con los conocimientos elaborados por los niños". Esta misión implica necesariamente una cierta adecuación de los saberes a las posibilidades cognitivas y a los conocimientos previos que los chicos tienen en determinado momento. En muchos casos –como se ha señalado en capítulos anteriores– esta legítima necesidad de adecuación ha conducido a simplificar excesivamente e incluso a desnaturalizar los objetos de enseñanza.

Por otra parte, es indudable que, cuando se trabaja con los chicos textos que resultan difíciles para ellos, se corren riesgos, más que cuando se trabaja sobre textos fáciles. Al comienzo de este trabajo, puede ocurrir incluso que los alumnos interpreten la situación como una ruptura del "contrato", que se pregunten qué derecho tiene el maestro a presentar textos que ellos no están en condiciones de comprender. Y esto también es un riesgo para el docente.

En consecuencia, pensamos que es importante incluir en la escuela la lectura de textos difíciles, pero que también es muy importante definir con gran cuidado cuáles son las condiciones didácticas en las cuales es posible leer esos textos. Es necesario profundizar en el estudio de las intervenciones del maestro que resultan más productivas –empezando por aquellas que se han revelado eficaces en las experiencias ya realizadas–; hay que precisar mejor cómo conviene distribuir la incertidumbre entre el maestro y los alumnos respecto a la construcción del sentido de los textos: en qué momento brindar información y en qué momento no brindarla y devolver el problema a los chicos incitándolos a buscar ellos mismos las respuestas a las preguntas que se están haciendo... Se trata de explicitar cómo se materializa en el caso particular de la lectura de textos difíciles ese criterio general según el cual, para que un contenido tenga sentido desde la perspectiva de los niños, es necesario que sea interpretable a partir de sus conocimientos previos y que, simultáneamente, represente un desafío para ellos y exija la construcción de un nuevo conocimiento. Al poner en acción este criterio, el docente puede detectar cuándo es imprescindible que él aporte información porque, si no la aporta, lo que se está leyendo en el texto no tendrá ningún sentido desde el punto de vista de los chicos y resultará ininterpretable, y cuándo —en cambio— lo que se está leyendo es suficientemente interpretable como para que se pueda correr el riesgo de devolver el problema a los alumnos.

Finalmente, después de haber analizado los problemas planteados por el diseño curricular y de haber seguido de cerca las vicisitudes que atraviesan algunos quehaceres del lector en la institución escolar, resulta relevante cerrar este capítulo poniendo en primer plano una de las ideas esenciales enunciadas al comienzo: la necesidad de preservar el sentido de la lectura y la escritura. Retomar esta idea a través de una experiencia personal, que revela uno de los sentidos importantes que la lectura y la escritura tienen aquí y ahora, contribuirá a mostrar por qué la enseñanza de las prácticas de lectura y escritura no puede limitarse a la transmisión de contenidos puntuales, permitirá poner en evidencia hasta qué punto compartir esas prácticas reviste un sentido profundo y vital.

Hace algún tiempo, al abrir *Página 12*, encontré un artículo de Horacio Verbitsky que se titulaba "Lilíada". Como en esa misma página había una foto de Rodolfo Walsh, pude hacer algunas anticipaciones sobre lo que Verbitsky quería decir. Yo sabía que Lilia Ferreira, la compañera de Walsh, estaba luchando para que le restituyeran no sólo el cuerpo sino también los manuscritos que fueron secuestrados de su casa de San Vicente después de que Walsh fuera asesinado, e imaginé, entonces, que el título del artículo era un homenaje que el periodista le estaba haciendo a Lilia Ferreira; era una manera de sugerir que ella estaba protagonizando una gesta épica.

Cuando leí el artículo, comprobé que mis suposiciones no estaban del todo erradas, pero también descubrí otros sentidos que no había podido anticipar y son precisamente esos sentidos los que me parece relevante poner en primer plano.

Verbitsky cuenta que Lilia, después de introducir –acompañada por muchos escritores– el pedido de restitución en la Cámara Federal, fue con algunos amigos a tomar un café.

> Lilia dijo que había cruzado la angustia de la noche anterior a la presentación releyendo los últimos cantos de *La Ilíada* de Homero, que devoró por primera vez en su adolescencia y a la que vuelve en momentos especiales. Siempre empieza diciendo que ella no es una oradora ni una narradora y después mantiene a cualquier audiencia en vilo con un relato de cuya atmósfera se tarda más en salir de lo que cuesta entrar. Le pregunté por qué no lo escribía para el diario de hoy y dijo que necesitaría más tiempo porque, claro, cree que tampoco es una escritora. Entonces le pedí que me lo repitiera para escribirlo yo por ella. Con el viejo tomo encuadernado en tela roja sobre la mesa, fue leyendo y comentando los cantos del poema dedicados a la recuperación del cuerpo de los muertos, al duelo y las honras fúnebres luego de la guerra librada entre Aqueos y Troyanos.

Lilia continúa leyendo una parte del relato, cuyo contenido puede sintetizarse así: Héctor, el campeón de los troyanos, había matado a Patroclo –amigo de Aquiles– y quería arrastrarlo en su carro por el suelo; Aquiles, enterado de esto, mata a Héctor y pretende hacer con su cadáver lo mismo que Héctor se proponía hacer con Patroclo. Pero entonces interviene Príamo –el padre de Héctor– y en el último canto inquiere a Hermes, mensajero de los dioses, "si está aún el cuerpo de mi hijo junto con las naves o lo destrozó ya el hijo de Peleo para arrojarlo a los perros". Hermes informa al anciano que el cadáver está allí y que todavía está en muy buen estado. Luego, conduce a Príamo hasta la tienda de Aquiles:

> Afligidos por la pena lloraron ambos, cada uno por sus muertos. "No me pidas que repose cuando aún está Héctor insepulto en su tienda, entrégame su cadáver para que pueda yo contemplarlo", implora Príamo. "Ah, desdichado, cuán numerosos son los infortunios que tu corazón ha sufrido. Pero ¿cómo te has atrevido a venir solo hasta las naves aqueas y soportar la presencia del hombre que dio muerte a tantos de tus valerosos hijos?" "De hierro es tu corazón", le responde Aquiles, el de los pies ligeros, antes de lavar y ungir el cuerpo de Héctor. Luego de envolverlo en una túnica y un manto y colocarlo en un carro, pregunta a Príamo de cuántos días desea disponer para las honras fúnebres. "Durante este tiempo permaneceré inactivo y contendré al ejército", le promete. Príamo pide nueve días para llorarlo, el décimo para enterrarlo, el undécimo para erigir el túmulo. "Y al duodécimo volveremos a combatir si es necesario". Aquiles asiente: "Se hará según tu deseo".

Y Verbistky concluye:

> Esta mera transcripción sólo procura que los lectores puedan compartir los sentimientos más profundos sobre la vida y la muerte que el género humano expresó en un poema hace dos mil seiscientos o tres mil años y que Lilia nos devolvió ayer a tres privilegiados en esa mesa de café, a metros del lugar más prosaico de la tierra más desprendida de la épica.

Son razones como éstas las que impulsan a aunar esfuerzos para constituir como objeto de enseñanza las prácticas de lectura y escritura, así como para preservar en la escuela el sentido que ellas han tenido y siguen teniendo para los seres humanos.

∽

Capítulo 4
¿Es posible leer en la escuela?[1]

> *Debo ser un lector muy ingenuo, porque nunca pensé que los novelistas quisiesen decir más de lo que dicen. Cuando Franz Kafka cuenta que Gregorio Samsa apareció cierta mañana convertido en un gigantesco insecto, no me parece que esto sea símbolo de algo y la única cosa que siempre me intrigó es a qué especie de animal pertenecía él. Creo que hubo, en realidad, un tiempo en que las alfombras volaban y que había genios prisioneros dentro de las botellas. Creo que el burro de Ballan habló –como dice la Biblia– y la única cosa que hay que lamentar es no tener grabada su voz, y creo que Josué derrumbó las murallas de Jericó con el poder de sus trompetas, y la única cosa lamentable es que ninguno tiene transcripta la música capaz de demoler. Creo, en fin, que Vidriera –de Cervantes– era en realidad de vidrio, como él decía en su locura, y creo realmente en la jubilosa verdad de que Gargantúa orinaba torrencialmente sobre las catedrales de París.*
>
> Gabriel García Márquez
>
> "De cómo los profesores de literatura pervierten a sus alumnos", en *Caras y Caretas*. [2]

Leer es adentrarse en otros mundos posibles. Es indagar en la realidad para comprenderla mejor, es distanciarse del texto y asumir una postura crítica frente a lo que se dice y lo que se quiere decir, es sacar carta de ciudadanía en el mundo de la cultura escrita...

---

[1] Este artículo fue originalmente publicado en 1996, en *Lectura y Vida* año 17, núm. 1, y se basa en una conferencia dictada por la autora en el 2° Congreso Nacional de Lectura que tuvo lugar en el marco de la 8ª Feria Internacional del Libro de Bogotá, en mayo de 1995.

[2] Traducción de una nota publicada en la revista brasileña *Status Plus* núm. 90, enero de 1983.

¿Es posible leer en la escuela? Esta pregunta puede parecer extraña: ¿por qué poner en duda la viabilidad de la lectura en una institución cuya misión fundamental ha sido, y sigue siendo, precisamente la de enseñar a leer y escribir?

Sin embargo, la desnaturalización que la lectura sufre en la escuela ha sido puesta en evidencia en forma irrefutable. Mucho antes de que esto se constituyera en un lugar común de la bibliografía didáctica, Bernard Shaw se negaba sistemáticamente a aceptar que sus obras formaran parte de los programas escolares.

García Márquez se divierte analizando lo que ocurre con las suyas, que son objeto de enseñanza en muchos países de América Latina.

> Este mismo año –cuenta el novelista en 1983– mi hijo Gonzalo tuvo que responder un cuestionario de literatura, elaborado en Londres, para un examen de admisión. Una de las preguntas pedía que se estableciese cuál era la simbología del gallo en *El coronel no tiene quien le escriba*. Gonzalo, que conoce bien el estilo de su casa, no pudo resistir la tentación de gozar de aquel sabio remoto y respondió: "Es el gallo de los huevos de oro". Más tarde supimos que quien tuvo la mejor nota fue el alumno que respondió, como había enseñado el profesor, que el gallo del coronel era el símbolo de la fuerza popular reprimida. Cuando lo supe, me alegré una vez más de mi buena estrella política, porque el final que yo tenía pensado para ese libro, y que cambié a última hora, era el coronel torciéndole el pescuezo al gallo y haciendo con él una sopa de protesta. Hace años que colecciono estas perlas con las que los profesores de literatura pervierten a sus alumnos. Conozco uno, de muy buena fe, para quien la abuela desalmada –gorda y voraz, que explota a Cándida Eréndira para cobrarle una deuda– es el símbolo del capitalismo insaciable. Un profesor católico enseñaba que la subida al cielo de Remedios era una transposición poética del ascenso en cuerpo y alma de la Virgen María. [...] Un profesor de literatura de

la Escuela de Letras de La Habana dedicó muchas horas al análisis de *Cien años de soledad* y llegó a la conclusión –aduladora y deprimente al mismo tiempo– de que no tenía solución. Esto me convenció de una vez por todas de que la manía de interpretar acaba siendo, en último análisis, una nueva forma de ficción, que a veces termina en disparates.

La ficción no se reduce a la producción de interpretaciones peregrinas –al fin y al cabo, la obra literaria es abierta y acepta múltiples interpretaciones–. Todo el tratamiento que la escuela hace de la lectura es ficticio, empezando por la imposición de una única interpretación posible. ¿Será que la escuela es una obra de ficción?

Para ser fiel a la verdad, debo reconocer que García Márquez reivindica la tarea docente. Después de señalar que continúan ocurriendo otros milagros semejantes a los creados por Cervantes o Rabelais y que, "si no los vemos, es porque somos impedidos muchas veces por el racionalismo oscurantista que nos inculcan nuestros profesores de literatura", tiene la gentileza de aclarar:

> Tengo un gran respeto, y sobre todo un gran cariño, por el oficio de profesor y por eso mismo me reconforta saber que ellos también son víctimas de un sistema de enseñanza que los induce a decir bestialidades. Una de las personas inolvidables en mi vida es la profesora que me enseñó a leer, a los cinco años. Era una moza bonita y sabia, que no pretendía saber más de lo que podía, y era tan joven que con el tiempo acabó siendo más joven que yo. Era ella la que nos leía, en clase, los primeros poemas. Recuerdo con la misma gratitud al profesor de literatura del colegio, un hombre modesto y prudente que nos conducía por el laberinto de los buenos libros sin interpretaciones rebuscadas. Este método posibilitaba a sus alumnos una participación

más personal y libre en el milagro de la poesía. En síntesis, un curso de literatura no debería ser más que una buena guía de lecturas. Cualquier otra pretensión no sirve nada más que para asustar a los niños. Pienso yo, aquí entre nosotros.

En las observaciones de García Márquez están incluidas algunas de las ideas que intentaré desarrollar en este trabajo: el tratamiento de la lectura que suele hacerse en la escuela es peligroso porque corre el riesgo de "asustar a los niños", es decir, de alejarlos de la lectura en lugar de acercarlos a ella; al poner en tela de juicio la situación de la lectura en la escuela, no es justo sentar a los maestros en el banquillo de los acusados porque "ellos también son víctimas de un sistema de enseñanza"; sin embargo, no hay que perder todas las esperanzas: en ciertas condiciones, la institución escolar puede convertirse en un ámbito propicio para la lectura; estas condiciones deben crearse desde antes de que los niños sepan leer en el sentido convencional del término y una de ellas es que el maestro asuma el rol de intérprete y los alumnos puedan leer a través de él.

García Márquez tuvo suerte en su escolaridad. Si logramos generar otras condiciones didácticas en todas las escuelas, es probable que tengamos más escritores geniales. Pero esto es sólo un detalle. Lo esencial es otra cosa: hacer de la escuela un ámbito propicio para la lectura es abrir para todos las puertas de los mundos posibles, es inaugurar un camino que todos puedan recorrer para llegar a ser ciudadanos de la cultura escrita.

Para esclarecer cuáles son las condiciones didácticas que es necesario crear, hay que examinar ante todo cuáles son las que actualmente obstaculizan la formación de lectores.

La realidad no se responsabiliza por la pérdida de sus (nuestras) ilusiones (o No. No es posible leer en la escuela).

Al analizar la práctica escolar de la lectura, uno recuerda la leyenda que suele aparecer en las películas: "Todo parecido con la realidad es mera coincidencia". Y los parecidos con el uso social de la lectura son realmente escasos. La presentación de la lectura como objeto de enseñanza –la ya mencionada *transposición didáctica* (Chevallard, 1997)– está tan alejada de la realidad que no resulta nada fácil encontrar coincidencias. Por el contrario, las preguntas que uno se hace al "mirar la película" se refieren a las discrepancias flagrantes entre la versión social y la versión escolar de la lectura: ¿por qué la lectura –tan útil en la vida real para cumplir diversos propósitos– aparece en la escuela como una actividad gratuita, cuyo único objetivo es aprender a leer?; ¿por qué se enseña una única manera de leer –linealmente, palabra por palabra desde la primera hasta la última que se encuentra en el texto–, si los lectores usan modalidades diversas en función del objetivo que se han propuesto? (a veces leen exhaustivamente, pero otras veces exploran sólo ciertas partes del texto o saltean lo que no les interesa; en algunos casos leen muy rápido y en otros lentamente; en ciertas situaciones controlan con cuidado lo que están comprendiendo, en tanto que en otras se permiten interpretar más libremente el sentido de lo que están leyendo); ¿por qué se enfatiza tanto la lectura oral –que no es muy frecuente en otros contextos– y tan poco la lectura para sí mismo?; ¿por qué se usan textos específicos para enseñar, diferentes de los que se leen fuera de la escuela?; ¿por qué se espera que la lectura reproduzca con exactitud lo que literalmente está escrito, si los lectores que se centran en la construcción de un significado para el texto evitan perder tiempo en identificar cada una de las palabras que en él figuran y suelen sustituirlas por expresiones sinónimas?; ¿por qué se supone en la escuela que existe una sola interpretación correcta de cada texto (y se evalúa en consecuencia), cuando la experiencia de todo lector muestra tantas discusiones originadas en las diversas interpretaciones posibles de un artículo o de una novela?

¿Cómo explicar estas discrepancias? ¿Se originan en auténticas necesidades didácticas? ¿Es necesario transformar –deformar– de ese modo la lectura para lograr que los niños aprendan a leer?

Dos factores esenciales parecen conjugarse, en perfecto y duradero matrimonio, para generar esta versión ficticia de la lectura: la teoría conductista del aprendizaje y un conjunto de reglas, presiones y exigencias fuertemente arraigadas en la institución escolar.

Dar respuesta a los interrogantes antes formulados permitirá poner de manifiesto cómo se engarzan los factores que están en juego en la escuela.

La lectura aparece desgajada de los propósitos que le dan sentido en el uso social porque la construcción del sentido no es considerada como una condición necesaria para el aprendizaje. La teoría oficial en la escuela parece considerar –diría Piaget[3]– que el funcionamiento cognitivo de los niños

---

[3] Piaget ha planteado que la modalidad adoptada por la enseñanza parece estar fundada en una consideración de las semejanzas y diferencias entre los niños y los adultos como sujetos cognitivos que es exactamente opuesta a la que se desprende de las investigaciones psicogenéticas. Estas últimas han mostrado que la estructura intelectual de los niños es diferente de la de los adultos (heterogeneidad estructural) pero el funcionamiento de unos y otros es esencialmente el mismo (homogeneidad funcional); sin embargo, al ignorar el proceso constructivo de los alumnos y suponer que pueden dedicarse a actividades desprovistas de sentido, la escuela los trata como si su estructura intelectual fuera la misma que la de los adultos y su funcionamiento intelectual fuera diferente.

es totalmente diferente del de los adultos: en tanto que estos aprenden sólo lo que les resulta significativo, los niños podrían aprender todo aquello que se les enseña, independientemente de que puedan o no adjudicarle un sentido. Por otra parte, según las reglas institucionales, es el docente quien tiene el derecho (y también el deber) de adjudicar sentido a las actividades que propone: ellas deben "cumplir los objetivos" establecidos para la enseñanza.

¿Por qué se enseña una única manera de leer? Ésta es, en primer lugar, una consecuencia inmediata de la ausencia de propósitos que orienten la lectura, porque la diversidad de modalidades sólo puede hacerse presente –como veremos luego– en función de los diversos propósitos a los que el lector apunta y de los diversos textos que utiliza para cumplirlos. Cuando el propósito que la institución plantea es uno solo –aprender a leer o, a lo sumo, ser evaluado–, la modalidad que se actualiza es también única. Cuando el trabajo se realiza con unos pocos libros que además pertenecen al género "texto escolar", se obstaculiza aun más la posibilidad de que aparezcan diferentes maneras de leer. Por otra parte, permitir el ingreso de una única modalidad de lectura y de un único tipo de texto facilita el ejercicio de un importante requerimiento institucional: el control riguroso del aprendizaje.

El predominio de la lectura en voz alta se deriva indudablemente de una concepción del aprendizaje que pone en primer plano las manifestaciones externas de la actividad intelectual, dejando de lado los procesos subyacentes que las hacen posibles. Pero la necesidad de control hace sentir su influencia también en este caso, ya que evaluar el aprendizaje de la lectura resultaría más difícil si en el aula predominaran las situaciones de lectura silenciosa. La exigencia de oralizar con exactitud lo que está escrito –de hacer una lectura escrupulosamente literal– resulta no sólo del desconocimiento del proceso lector sino también de la preocupación por el control exhaustivo del aprendizaje: si se permitiera a los alumnos sustituir las palabras del texto, por más pertinentes que estas sustituciones fueran, ¿cuáles serían los parámetros para determinar la corrección o incorrección de la lectura?

El uso de textos especialmente diseñados para la enseñanza de la lectura es sólo una de las manifestaciones de un postulado básico de la concepción vigente en la escuela: el proceso de aprendizaje evoluciona de lo "simple" a lo "complejo"; por lo tanto, para enseñar saberes complejos es necesario descomponerlos en sus elementos constituyentes y distribuir la presentación de estos elementos a lo largo del tiempo, empezando, por supuesto por los más simples. Por otra parte, esta fragmentación del contenido para distribuirlo en el tiempo –ya analizada en capítulos anteriores– favorece el control: controlar el aprendizaje de cada pequeña parcela resulta indudablemente más fácil de lo que sería controlar el aprendizaje del lenguaje escrito o de la lectura si se presentaran con toda su complejidad. Es así como el lenguaje escrito y el acto de lectura desaparecen –sacrificados en aras de la graduación y el control– y con ellos desaparecen los textos que se usan fuera de la escuela: la complejidad de los textos socialmente utilizados se adapta mal a los requerimientos escolares; la exigencia de simplificación –y también de brevedad– es tal que resulta imposible encontrar entre los textos verdaderos alguno que reúna los requisitos prefijados. La única solución es entonces recurrir a libros "de texto" especialmente elaborados.

Finalmente, el reconocimiento de una única interpretación válida para cada texto es consistente con una postura teórica según la cual el significado está en el texto, en vez de construirse gracias al esfuerzo de interpretación realizado por el lector –es decir, gracias a la interacción del sujeto-lector con el objeto-texto–. Pero también aquí podemos reconocer la impronta del "contrato didáctico" ya analizado en capítulos anteriores: el derecho a decidir sobre la validez de la interpretación es privativo del maestro. Por otra parte, cuando hay una única interpretación en juego, el control se facilita: la del niño coincide o no coincide con la del maestro, es correcta o incorrecta. Mucho más difícil resulta intentar comprender las interpretaciones de los niños y apoyarse en ellas para ayudarlos a construir una interpretación cada vez más ajustada.

En síntesis, una teoría del aprendizaje que no se ocupa del sentido que la lectura pueda revestir para los niños y concibe la adquisición del conocimiento como un proceso acumulativo y graduado, una parcelación del contenido en elementos supuestamente simples, una distribución del tiempo escolar que adjudica un periodo determinado al aprendizaje de cada uno de estos elementos, un control estricto del aprendizaje de cada parcela y un conjunto de reglas que otorgan al maestro ciertos derechos y deberes que sólo él puede ejercer –mientras el alumno ejerce otros complementarios–... Ésos son los factores que se articulan para hacer imposible leer en la escuela.

¿Cuáles son entonces las ilusiones perdidas? Hemos perdido la ilusión de la naturalidad. Antes, nos parecía sencillo introducir en la escuela la versión social de la lectura. Para lograr que los niños llegaran a ser lectores, parecía suficiente llenar dos requisitos: respetar la naturaleza de la práctica social de la lectura y tener en cuenta los procesos constructivos de los niños. Cumplidas estas dos condiciones, todo ocurriría naturalmente. Ahora sabemos que la concepción que se tiene del objeto y del sujeto está lejos de ser el único factor determinante de la versión escolar de la lectura, que la persistencia de las concepciones vigentes se explica por su perfecta articulación con reglas y requerimientos propios de la institución escolar. Ahora sabemos que la complejidad no es "natural" para la escuela porque resulta mucho más problemática desde el punto de vista de la gestión del tiempo y de la necesidad de control: ¿cómo distribuir en el tiempo la enseñanza de un objeto complejo si no se lo parcela?, ¿cómo controlar el progreso del aprendizaje cuando el objeto se presenta en toda su complejidad?; si también es complejo el proceso de reconstrucción del objeto por parte del niño, si el aprendizaje no es la suma de pequeños aprendizajes sino un proceso de reorganización del conocimiento de objetos complejos, ¿cuáles son los parámetros que permitirán controlar las aproximaciones sucesivas? Ahora sabemos que, para llegar a ser lector, el alumno tendría que ejercer algunos derechos y deberes que –según el "contrato didáctico" imperante en la enseñanza usual– son privativos del maestro; sabemos también que no es natural para la escuela que los derechos y deberes sean compartidos por el docente y los alumnos, porque una distinción nítida de los roles es necesaria para concretar la enseñanza y el aprendizaje, para cumplir la función que la sociedad ha asignado a la escuela.

Dado que la escuela tiene una misión específica, los objetos de conocimiento –la lectura, en este caso– ingresan a ella como "objetos de enseñanza". Por lo tanto, no es "natural" que la lectura tenga en la escuela el mismo sentido que tiene fuera de ella. Si pretendemos que este sentido se conserve, tendremos que realizar un fuerte trabajo didáctico para lograrlo. Este trabajo comienza por reconocer que, efectivamente, la escuela es un ámbito de ficción. Y la obra que pondremos en escena hoy es...

La escuela como microsociedad de lectores y escritores (o Sí. Es posible leer en la escuela)

Enfrentamos un gran desafío: construir una nueva versión ficticia de la lectura, una versión que se ajuste mucho más a la práctica social que intentamos comunicar y permita a nuestros alumnos apropiarse efectivamente de ella. Articular la teoría constructivista del aprendizaje con las reglas y exigencias institucionales está lejos de ser fácil: hay que encontrar otra manera de gestionar el tiempo, hay que generar nuevos modos de controlar el aprendizaje, hay que transformar la distribución de los roles del maestro y el alumno en relación con la lectura, hay que conciliar los objetivos institucionales con los objetivos personales de los alumnos...

Elaborar una buena versión requiere no sólo de muchos ensayos sino también de una reflexión crítica y profunda sobre cada uno de ellos para que el siguiente resulte más logrado, requiere también de la cooperación constante con colegas empeñados en la misma tarea. Es por eso que la versión que aquí presentamos está basada en el trabajo de diversos investigadores cuyas producciones han contribuido decisivamente a elaborarla, así como en el aporte activo y reflexivo de muchos maestros. Las situaciones y proyectos didácticos que se esquematizarán en los puntos siguientes han sido puestos en práctica muchas veces y en el marco de condiciones muy diversas: en distintos países, con poblaciones escolares diferentes, bajo la responsabilidad de maestros que luchan por desarrollar proyectos pioneros en el seno de instituciones que no los favorecen o de docentes que integran equipos o trabajan en escuelas que elaboran y sostienen proyectos comunes. El funcionamiento de estas situaciones ha sido estudiado en el marco de diferentes experiencias, y la confrontación entre ellas ha permitido hacer ajustes al diseño original, comenzar a distinguir los aspectos generales que son necesarios para cumplir los propósitos que se persiguen de aquellos que son contingentes y pueden variar en función de las particularidades de cada contexto de aplicación.

El análisis que expondremos de los diferentes aspectos a considerar es, por supuesto, provisorio, sólo expresa el estado actual de nuestros conocimientos, con sus posibilidades y sus limitaciones.

EL SENTIDO DE LA LECTURA EN LA ESCUELA: PROPÓSITOS DIDÁCTICOS Y PROPÓSITOS DEL ALUMNO.

En la escuela –ya dijimos– la lectura es ante todo un objeto de enseñanza. Para que se constituya también en un objeto de aprendizaje, es necesario que tenga sentido desde el punto de vista del alumno, lo cual significa –entre otras cosas– que debe cumplir una función para la realización de un propósito que él conoce y valora. Para que la lectura como objeto de enseñanza no se aparte demasiado de la práctica social que se quiere comunicar, es imprescindible "representar" –o "re-presentar"– en la escuela los diversos usos que ella tiene en la vida social.

En consecuencia, cada situación de lectura responderá a un doble propósito. Por una parte, un propósito didáctico: enseñar ciertos contenidos constitutivos de la práctica social de la lectura con el objeto de que el alumno pueda reutilizarlos en el futuro, en situaciones no didácticas. Por otra parte, un propósito comunicativo relevante desde la perspectiva actual del alumno.

Se trata entonces de poner en escena ese tipo particular de situaciones didácticas que Brousseau (1986) ha llamado "a-didácticas" porque propician el encuentro de los alumnos con un problema que deben resolver por sí mismos, porque funcionan de tal modo que el maestro –aunque interviene de diversas maneras para orientar el aprendizaje– no explicita lo que sabe (no hace público el saber que permite resolver el problema) y porque hacen posible generar en el alumno un proyecto propio, permiten movilizar el deseo de aprender en forma independiente del deseo del maestro. En el caso de la lectura (y la escritura), los proyectos de interpretación-producción organizados para cumplir una finalidad específica –vinculada en general con la elaboración de un producto tangible–, proyectos que son ya clásicos en didáctica de la lengua escrita, parecen cumplir con las condiciones necesarias para darle sentido a la lectura.

Ahora bien, los proyectos deben dirigirse hacia el logro de alguno (o varios) de los propósitos sociales de la lectura: leer para resolver un problema práctico (hacer una comida, utilizar un artefacto, construir un mueble); leer para informarse sobre un tema de interés (perteneciente a la actualidad política, cultural, etc., o al saber científico); leer para escribir, es decir, para profundizar el conocimiento que se tiene sobre el tema del artículo que uno está escribiendo o de la monografía que debe entregar; leer para buscar informaciones específicas que se necesitan por algún motivo –la dirección de alguien o el significado de una palabra, por ejemplo–. Los proyectos vinculados con la lectura literaria se orientan hacia propósitos más personales: se leen muchos cuentos o poemas para elegir aquellos que se desea compartir con otros lectores; se leen novelas para internarse en el mundo de un autor, para identificarse con el personaje predilecto –anticipando, por ejemplo, el razonamiento que permitirá al detective resolver un nuevo "caso"– o para vivir excitantes aventuras que permiten trascender los límites de la realidad cotidiana.

Cada uno de estos propósitos pone en marcha una modalidad diferente de lectura (Solé, 1993): cuando el objetivo es obtener información general sobre la actualidad nacional, el lector opera en forma selectiva: lee los titulares de todas las noticias y los copetes de las más importantes (para él), pero se detiene sólo en aquellas que le conciernen directamente o le interesan más; cuando el objetivo de la lectura es resolver un problema práctico, el lector tiende a examinar escrupulosamente toda la información provista por el texto, ya que esto es necesario para lograr poner en marcha el aparato que quiere hacer funcionar o para que el objeto que está construyendo tenga la forma y las dimensiones adecuadas... Cuando el lector se entrega a la lectura literaria, se siente autorizado –en cambio– a centrarse en la acción y saltear las descripciones, a releer varias veces las frases cuya belleza, ironía o precisión resultan impactantes, a dejarse llevar por las imágenes o evocaciones que la lectura suscita en él...

Diferentes modalidades de lectura pueden utilizarse, en distintas situaciones, frente a un mismo tipo de texto: un mismo material informativo-científico puede ser leído para obtener una información global, para buscar un dato específico o para profundizar un aspecto determinado del tema sobre el que se está escribiendo; un artículo periodístico puede ser leído en un momento simplemente para conocer el punto de vista del autor sobre un tema de interés para el lector y ser utilizado en otro momento como objeto de reflexión, como aporte para el análisis de otra cuestión –es lo que me ha ocurrido con el artículo de García Márquez cuyo comentario da inicio a este texto–; un poema o un cuento pueden ser leídos en cierto momento buscando un placer estético y convertirse, en otra situación, en el medio que permite comunicarle algo a alguien.

Diversidad de propósitos, diversidad de modalidades de lectura, diversidad de textos y diversidad de combinaciones entre ellos... La inclusión de estas diversidades (Ferreiro, 1994) –así como su articulación con las reglas y exigencias escolares– es uno de los componentes de la complejidad didáctica que es necesario asumir cuando se opta por presentar la lectura en la escuela sin simplificaciones, velando por conservar su naturaleza y, por lo tanto, su complejidad como práctica social.

¿Cómo se articulan los propósitos didácticos y los propósitos comunicativos a los que apunta el proyecto propuesto? Si al diseñar el proyecto se tienen en cuenta ambos tipos de propósitos –tanto los referidos a la enseñanza y el aprendizaje como los inspirados en la práctica social de la lectura–, esta articulación no plantea mayores problemas: mientras se desarrollan las actividades necesarias para cumplir con el propósito comunicativo inmediato, se van cumpliendo también aquellos que se refieren al aprendizaje de contenidos que los alumnos deberán manejar en el futuro, como adultos. Analicemos algunos ejemplos:

1. *Producción de un caset de poemas* (proyecto realizado en segundo grado, a comienzos del año escolar).

A) Propósitos: el *propósito comunicativo* perseguido por los niños al leer –producir un caset de poemas– está enmarcado en un propósito social más general: compartir con otras personas textos que el lector considera conmovedores o interesantes. Los *propósitos didácticos* son varios: hacer ingresar a los alumnos en el mundo poético, ponerlos en contacto con la obra de diferentes poetas, generar condiciones que les permitan avanzar como lectores "en voz alta"...

B) Destinatarios: grupos de jardín de infantes de la escuela y Biblioteca parlante de ciegos.

C) Secuencia de actividades:

a) Propuesta del proyecto a los niños y discusión del plan de trabajo.

b) Selección de los poemas a grabar: la maestra lee muchos poemas –algunos los ha encontrado ella misma, otros le fueron sugeridos por la bibliotecaria o por los niños, todos han aprobado el "examen" de calidad literaria–. Cada niño anota los títulos de los poemas que le gustaría grabar. Esta actividad ocupa muchas horas de clase: se disfruta de cada uno de los poemas, se intercambian impresiones, los niños piden que la maestra relea algún poema que les gusta mucho, se habla sobre los autores, se leen otros poemas de los poetas favoritos...

c) Organización de la tarea: teniendo en cuenta los poemas elegidos y las posibilidades de ayuda mutua, la maestra constituye los grupitos de niños que trabajarán juntos (de a dos). Cada pareja relee los poemas que grabará. Los niños intercambian ideas acerca de cómo leer cada uno. Deciden (provisoriamente) qué integrante de la pareja grabará cada uno de los poemas. Se llevan los poemas a sus casas, para ensayar.

d) Audición de casets grabados por poetas o recitadores.

e) Grabación (ensayo): cada pareja –y cada niño– graba los poemas elegidos. Después de haber grabado los dos primeros (uno cada niño), escuchan, analizan, deciden modificaciones. Hacen una nueva grabación, vuelven a escuchar y determinan si será necesario volver a grabar. Prueban con otros dos poemas.

f) Audición: el grupo total escucha las grabaciones realizadas hasta el momento. Las "parejas" intercambian sugerencias.

g) Grabación (segundo ensayo): cada pareja vuelve a grabar, teniendo en cuenta las recomendaciones de los oyentes. Escuchan lo grabado, hacen las correcciones necesarias.

Repiten el proceso con los poemas que faltan. En algunos casos, habrá que volver a ensayar y regrabar. En otros casos, el poema ya esta "listo" para su grabación definitiva.

h) Grabación final (se siguen haciendo correcciones, algunas sugeridas por los niños, otras indicadas por la maestra, hasta que ésta declara que el producto es aceptable y que hay que poner punto final).

i) Se escucha (en grupo total) el caset que la maestra ha armado copiando las grabaciones de todos.

j) Se redacta una carta colectiva, presentando el caset a los destinatarios, solicitándoles respuesta y "crítica" constructiva.

Se ha cumplido el propósito comunicativo planteado por el proyecto y también desarrollado objetivos de enseñanza y aprendizaje: se ha sostenido un intenso contacto con variados textos de un mismo género y los niños saben ahora mucho más que antes sobre poemas y poetas; presenciar la lectura de la maestra y escuchar grabaciones realizadas por recitadores o poetas ha permitido disfrutar de las posibilidades de ese género literario en el que la forma del decir adquiere un valor específico; los entusiastas y reiterados ensayos, las autocorrecciones infinitas y las sugerencias de los oyentes (sobre el énfasis que convenía dar a una palabra, sobre la intensidad de la voz en determinado pasaje, sobre la tendencia de algunos a acentuar demasiado la rima...) han permitido avanzar considerablemente como "lectores en voz alta".

Antes de abandonar este ejemplo, una observación: en el marco de este proyecto –o de otros similares– la lectura en voz alta deja de ser un mero ejercicio "para aprender a leer en voz alta" o un medio para evaluar la "oralización del texto", adquiere sentido porque se constituye en un vehículo de comunicación. Y, aunque parezca paradójico, permite aprender mucho más precisamente porque no sirve sólo para aprender: para los niños resulta altamente significativo en este caso "leer bien" porque quieren comunicarse con su público y por eso ensayarán una y otra vez, hasta lograr los resultados que desean. De paso, los niños descubrirán que leer en voz alta puede ser placentero y que pueden llegar a leer mucho mejor de lo que sospechaban.

2. *Instalación de una "consultora" que suministra diferentes tipos de información*[4] (proyecto realizado en cuarto grado).

A) Propósitos: el *propósito comunicativo* perseguido por los niños es responder las preguntas enviadas a la "consultora" por diferentes miembros de la comunidad escolar; en el curso del proyecto se pondrán en acción diversos propósitos sociales de la lectura y la escritura: leer para extraer informaciones específicas, escribir para comunicar a otros, leer para escribir. Enseñar a los niños a localizar la información que buscan y a leer textos que les resultan difíciles porque no han sido especialmente escritos para ellos, así como ayudarlos a avanzar como productores de textos expositivos son los *propósitos didácticos* esenciales hacia los cuales se orienta este proyecto.

B) Destinatarios: todos los alumnos de la escuela, docentes y padres.

C) Secuencia de actividades: el desarrollo del proyecto contempla dos etapas: "curso de capacitación" y puesta en marcha de la consultora. Después de proponer el proyecto a

---

[4] Este proyecto didáctico fue inspirado por una situación experimental diseñada por Emilia Ferreiro (en 1988), al proyectar una investigación evaluativa de experiencias didácticas vinculadas con la psicogénesis de la lengua escrita.

los niños y de discutir el plan de trabajo, se inicia el "curso de capacitación"[5] que comprende las siguientes actividades:

a) Visita a diversas bibliotecas, con el objeto de buscar informaciones que les permitan responder algunas preguntas predeterminadas: en cada visita, además de entrevistar a la bibliotecaria para conocer el funcionamiento de la biblioteca y de apreciar la diversidad de materiales que pueden hallarse en ella, los niños tienen oportunidad de ejercer comportamientos propios del lector: seleccionar los libros en los que podrían hallar la información que buscan, localizarla –lo que implica manejo del índice, exploración de capítulos orientándose por los subtítulos, lectura selectiva, etc.–, tomar apuntes de la información recogida y anotar referencias...

b) Elaboración, individual o por parejas, de la respuesta a algunas de las preguntas antes planteadas: se trata de preguntas sencillas, que pueden ser contestadas con base en la información provista por un solo texto: por ejemplo, para encontrar la respuesta a "¿quién fue Albert Einstein?", es suficiente con acudir a un buen diccionario. El trabajo de los niños consiste entonces en elaborar el texto de la respuesta basándose en las notas que han tomado en la biblioteca y volviendo a consultar, si es necesario, el texto original. Finalmente, se comparan las diferentes respuestas dadas a cada pregunta, para discutir acerca de la relevancia de la información seleccionada.

c) Elaboración colectiva de la respuesta a una pregunta que reviste cierta complejidad para los niños: la pregunta –for-

---

[5] El origen de esta primera etapa es el siguiente: mientras planificábamos el proyecto, una de las maestras participantes –Silvia Zinman– propuso que incorporáramos un "curso de capacitación del personal" que imitara a los ofrecidos por las verdaderas consultoras. Por supuesto, a diferencia de estos últimos, nuestro curso no sería selectivo sino que permitiría capacitar a todos los candidatos y, a su término, todos serían "contratados". Esta idea resultó tan productiva que fue conservada y perfeccionada en las sucesivas aplicaciones del proyecto.

mulada por la maestra– plantea un problema acerca de un contenido interesante para los alumnos, sobre el cual no tienen muchos conocimientos previos. Para contestarla, se llevan a cabo situaciones de lectura y de escritura, cada una de las cuales se desarrolla a lo largo de varias clases.

Situaciones de lectura:

Los *textos* elegidos cumplen por lo menos dos condiciones: ninguno de ellos aporta de manera directa la respuesta a la pregunta planteada; resultan relativamente difíciles para los alumnos porque se extraen de enciclopedias dirigidas al público en general (es decir, son textos que no han sido escritos especialmente "para niños").

La *organización de la tarea* tiene en cuenta las condiciones anteriores: se leen sucesivamente varios textos (dos o tres) que aportan informaciones complementarias; se organiza la situación de lectura por parejas o en grupos muy pequeños, de tal modo que los niños puedan colaborar entre sí y también hacer todas las consultas que necesiten al docente; al responder a las consultas, el docente aporta los conocimientos que considera necesarios para que los niños se aproximen a comprender lo que están leyendo. Al leer el segundo y el tercer texto, se van estableciendo relaciones con lo que se ha discutido acerca del o de los textos ya leídos.

Como los niños responderán por escrito la pregunta planteada, se decide tomar notas durante la lectura de los aspectos que resulten relevantes para elaborar la respuesta.

Situaciones de escritura:

La *planificación* del texto que se va a producir se lleva a cabo a partir de la discusión de las notas tomadas por los niños en el curso de las situaciones de lectura, discusión que obliga a releer algunas de las partes del texto para verificar o rechazar interpretaciones y permite llegar a un acuerdo acerca de los diversos aspectos que deben ser incluidos en la respuesta. Se discute también acerca de la organización del texto y se elabora un punteo ordenando los subtemas que serán tratados.

El proceso de *textualización* se lleva a cabo, en este caso, a través de un dictado de los niños al maestro, ya que se trata de producir un único texto. La producción colectiva permite ir discutiendo la forma en que se comunicarán las ideas –los niños dictan diferentes posibilidades, que son discutidas y a partir de las cuales se va elaborando una versión más adecuada– y da lugar a una fuerte intervención del docente, quien hace notar a los niños algunos de los problemas que ellos no detectan por sí mismos (por ejemplo: frases que pueden resultar ambiguas para alguien que no ha leído los mismos textos que ellos, necesidad de sustituir expresiones propias de la oralidad por otras que resultan más adecuadas en un texto expositivo...). A través de sucesivas *revisiones* de lo que se ha ido escribiendo y de la reflexión sobre las relaciones entre lo ya escrito y lo que se va a escribir, se intenta asegurar la coherencia del texto. En muchos casos, se modifica el plan originalmente elaborado: en el curso de la textualización, se descubren relaciones que antes no se habían establecido, se detecta la necesidad de explicitar aspectos que antes habían permanecido implícitos o la posibilidad de organizar las ideas de otra manera, más comprensible para el lector.

La *revisión final* supone varias relecturas del texto, focalizadas en diferentes aspectos: la apelación al interés del lector, la claridad de la exposición y la articulación de los subtemas tratados, la puntuación, la ortografía.

Cuando la versión final del texto está lista, el "curso de capacitación" se considera concluido, todos los niños obtienen sus "diplomas" y se pasa a la segunda etapa.

La *puesta en marcha de la consultora* se inicia con una comunicación a los padres, en la cual se les informa tanto sobre los objetivos del proyecto como sobre las actividades ya realizadas y se los invita a enviar preguntas. Éstas deben reunir ciertas condiciones: referirse a determinadas áreas del conocimiento –Ciencias Naturales e Historia del Arte, por ejemplo– y estar formuladas de tal modo que requieran la elaboración de un texto para responderlas (es decir, que no puedan ser contestadas a través de una palabra o una lista). La comunicación al personal directivo, a los maestros y a los otros niños puede hacerse oralmente o bien puede utilizarse como un motivo para producir textos publicitarios (afiches o volantes) que serán distribuidos en la escuela. Una vez que las preguntas comienzan a llegar, se realizan las siguientes actividades:

d) Lectura de las preguntas, clasificación por tema y selección: como suele ocurrir que se reciban muchas preguntas, se decide a cuáles se dará respuesta en primer término y a cuáles en segundo lugar. Se analiza en qué medida las preguntas se ajustan a las condiciones establecidas y se descartan aquellas que no las cumplen.

e) Distribución de las preguntas por parejas, teniendo en cuenta las preferencias y las posibilidades de los niños.

f) Elaboración de la respuesta: cada pareja se hace cargo –con la orientación de la maestra y, cuando es posible, de la bibliotecaria– de elaborar la respuesta a una pregunta: busca y localiza la información requerida en diferentes textos, lee los que ha seleccionado y toma nota de las informaciones esenciales, planifica y redacta la respuesta.

g) Consulta con lectores: antes de hacer la revisión final, cada pareja somete su texto a la consideración de otra pareja. Los niños de la pareja "lectora" hacen sugerencias a la pareja "escritora" con el objeto de que el texto resulte más comprensible y mejor escrito.

h) Revisión final: los integrantes de cada pareja "escritora" analizan las sugerencias recibidas, deciden cuáles adoptarán y cuáles consideran innecesario tener en cuenta, consultan sus decisiones con el docente, hacen las modificaciones previstas y también otras que se hacen necesarias a partir de las anteriores, consultan con el maestro estas nuevas modificaciones, revisan la ortografía...

i) Envío de la respuesta a los destinatarios.

j) Distribución de una nueva pregunta para cada pareja: para responderla, se repite el ciclo anterior, pero esta vez con mayor autonomía por parte de los alumnos. Ya no es necesario que todo el trabajo se lleve a cabo en clase, los niños están ahora en condiciones de realizar por sí mismos –a veces en su casa– buena parte del proceso.

Cuando la consultora está en funcionamiento, los niños ponen en acción lo aprendido en el "curso de capacitación": están en condiciones de anticipar en qué libros, diccionarios o enciclopedias pueden encontrar la información que buscan, disponen de estrategias que les permiten localizarla con mayor facilidad, se atreven a emprender la lectura de textos que les resultan un tanto difíciles y son capaces de seguir leyendo aunque encuentren algunos obstáculos, saben que están autorizados a seleccionar la información que consideran pertinente para responder a la pregunta planteada, conocen algunos de los problemas que se enfrentan al producir un texto expositivo y también algunas posibles soluciones... Pero ahora ya no leen y escriben sólo "para aprender" –como lo hacían durante el "curso"– sino también para cumplir un propósito comunicativo inmediato: responder a las preguntas que les han sido formuladas.

La articulación entre propósitos didácticos y propósitos comunicativos adquiere en este proyecto características peculiares, ya que –a diferencia de lo que es habitual en otros proyectos– se dedica un periodo específico sólo a los primeros. La prioridad (transitoria) acordada en este caso a los propósitos didácticos está vinculada con la distancia que hay entre los conocimientos previos de los niños y las exigencias planteadas: en tanto que los niños se enfrentan por primera vez en este proyecto con problemas tales como localizar informaciones, leer textos no dirigidos específicamente al público infantil o producir por sí mismos textos expositivos, el funcionamiento de la consultora requiere que la localización de la información sea rápida, que la lectura pueda hacerse con relativa autonomía y que la producción escrita se realice individualmente o por parejas –es decir, con menor intervención por parte del docente que si se realizara en forma colectiva–. Cumplir con estos requerimientos es imprescindible para dar respuesta en un corto periodo a las preguntas numerosas y relativamente imprevisibles que los "clientes" puedan hacer llegar.

De todos modos, a pesar de que los propósitos didácticos tienen un primer plano durante el "curso de capacitación", las situaciones de lectura y escritura están cargadas de sentido también durante esta primera etapa del proyecto, porque el "curso" está concebido y es presentado a los niños como un conjunto de ensayos consistentes en resolver situaciones similares a las que habrá que enfrentar luego, cuando la consultora ya esté en funcionamiento.

Inaugurada la consultora, los propósitos comunicativos son los que están en primer plano para los niños: tanto al leer como al escribir, ellos tendrán que considerar el punto de vista del destinatario –un destinatario específico y conocido, pero ajeno al aula–, ya que sólo así podrán producir textos comprensibles para alguien que no ha participado en el proceso de elaboración de las respuestas. Por supuesto, los propósitos didácticos siguen presentes: los niños avanzan en sus posibilidades de localizar información en diferentes materiales, se familiarizan más con textos expositivos de las áreas del conocimiento elegidas, enfrentan con autonomía creciente el desafío de leer y escribir este tipo de textos. Y, por supuesto, aprenden mucho sobre los temas que son objeto de su indagación.

Es así como la organización basada en proyectos permite coordinar los propósitos del docente con los de los alumnos y contribuye tanto a preservar el sentido social de la lectura como a dotarla de un sentido personal para los niños.

Gestión del tiempo, presentación de los contenidos y organización de las actividades

El tiempo es –todos los docentes lo sabemos bien– un factor de peso en la institución escolar: siempre es escaso en relación con la cantidad de contenidos fijados en el programa, nunca es suficiente para comunicar a los niños todo lo que desearíamos enseñarles en cada año escolar.

Cuando se opta por presentar los objetos de estudio en toda su complejidad y por reconocer que el aprendizaje progresa a través de sucesivas reorganizaciones del conocimiento, el problema de la distribución del tiempo deja de ser simplemente cuantitativo: no se trata sólo de aumentar el tiempo o de reducir los contenidos, se trata de producir un cambio cualitativo en la utilización del tiempo didáctico.

Para concretar este cambio, parece necesario –además de atreverse a romper con la correspondencia lineal entre parcelas de conocimiento y parcelas de tiempo– cumplir por lo menos con dos condiciones: manejar con flexibilidad la duración de las situaciones didácticas y hacer posible la reconsideración de los mismos contenidos en diferentes oportunidades y desde diversas perspectivas. Crear estas condiciones requiere poner en acción diferentes modalidades organizativas: proyectos, actividades habituales, secuencias de situaciones y actividades independientes coexisten y se articulan a lo largo del año escolar.

1. Los *proyectos* –además de ofrecer, como ya se ha señalado, contextos en los cuales la lectura cobra sentido y aparece como una actividad compleja cuyos diversos aspectos se articulan al orientarse hacia el logro de un propósito– permiten una organización muy flexible del tiempo: según el objetivo que se persiga, un proyecto puede ocupar sólo unos días o desarrollarse a lo largo de varios meses. Los proyectos de larga duración brindan la oportunidad de compartir con los alumnos la planificación de la tarea y su distribución en el tiempo: una vez fijada la fecha en que el producto final debe estar elaborado, es posible discutir un cronograma retroactivo y definir las etapas que será necesario recorrer, las responsabilidades que cada grupo deberá asumir y las fechas que habrá que respetar para lograr el cometido en el plazo previsto. Por otra parte, la sucesión de proyectos diferentes –en cada año lectivo y, en general, en el curso de la escolaridad– hace posible volver a trabajar sobre la lectura desde diferentes puntos de vista, para cumplir diferentes propósitos y en relación con diferentes tipos de texto.

2. Las *actividades habituales*, que se reiteran en forma sistemática y previsible una vez por semana o por quincena, du-

rante varios meses o a lo largo de todo el año escolar, ofrecen la oportunidad de interactuar intensamente con un género determinado en cada año de la escolaridad y resultan particularmente apropiadas para comunicar ciertos aspectos del comportamiento lector.

En segundo grado, por ejemplo, una actividad habitual que suele realizarse es "la hora de los cuentacuentos": los niños se responsabilizan, en forma rotativa, de contar o leer un cuento que ellos mismos han elegido (guiados por la maestra) y cuya presentación han preparado previamente, de tal modo que resulte clara y comprensible para el auditorio. El niño que asume el rol de "cuentacuentos" debe tener en cuenta ciertas pautas: explicitar las razones que lo llevaron a elegir el cuento, conocer algunos datos sobre la vida y obra del autor, comentar con sus compañeros los episodios o personajes que le resultaron atractivos (o no). Terminada la lectura (o el relato), los demás alumnos pueden intervenir haciendo preguntas o comentarios. La discusión se generaliza: se analizan las acciones de los personajes, se compara con otros cuentos conocidos, se hacen apreciaciones sobre la calidad del que se acaba de leer...

En otros grados, la actividad habitual suele centrarse en otros géneros: puede tratarse del comentario de "curiosidades científicas" –y orientarse entonces a responder a las inquietudes que los niños se plantean sobre el funcionamiento de la naturaleza y a intensificar su contacto con el discurso informativo-científico– o de la lectura y discusión de noticias, actividad dirigida a formar lectores críticos de los medios de comunicación.

Las actividades habituales también son adecuadas para cumplir otro objetivo didáctico: el de favorecer el acercamiento de los niños a textos que no abordarían por sí mismos a causa de su longitud. Leer cada semana un capítulo de una novela es una actividad que suele ser fructífera en este sentido. La lectura es compartida: la maestra y los alumnos leen alternativamente en voz alta; se elige una novela de aventuras o de suspenso que pueda captar el interés de los niños y se interrumpe la lectura en puntos estratégicos, para generar intriga. Algunos niños –no siempre los mismos– se interesan tanto que consiguen el libro para continuar leyéndolo en su casa y luego les cuentan a sus compañeros los capítulos que ya han leído para que la lectura compartida pueda avanzar.

La forma en que se distribuye el tiempo de clase representa la importancia que se asigna a los diferentes contenidos. Al destinar momentos específicos y prestablecidos que serán sistemáticamente dedicados a leer, se comunica a los niños que la lectura es una actividad muy valorada. Éste es uno de los beneficios que aportan las actividades habituales.

3. Las *secuencias de actividades* están dirigidas a leer con los niños diferentes ejemplares de un mismo género o subgénero (poemas, cuentos de aventuras, cuentos fantásticos...), diferentes obras de un mismo autor o diferentes textos sobre un mismo tema.

A diferencia de los proyectos, que se orientan hacia la elaboración de un producto tangible, las secuencias incluyen situaciones de lectura cuyo único propósito explícito –compartido con los niños– es leer. A diferencia de las actividades habituales, estas secuencias tienen una duración limitada a algunas semanas de clase, lo que permite llevar a cabo varias de ellas en el curso del año escolar y acceder así a diferentes géneros. Contribuyen a cumplir diversos objetivos didácticos: comunicar el sentido y el placer de leer para conocer otros mundos posibles, desarrollar las posibilidades de los alumnos de apreciar la calidad literaria (o detectar su ausencia), formar criterios de selección del material a leer, generar comportamientos lectores como el seguimiento de determinado género, tema o autor.

En el curso de cada secuencia se incluyen –al igual que en los proyectos– actividades colectivas, grupales e individuales. De este modo, se propicia tanto la colaboración entre los lectores para comprender el texto y la confrontación de sus diferentes interpretaciones como la lectura personal que permite a cada niño interactuar libremente con el texto, es decir: releer lo que más le ha gustado, saltear lo que no le interesa, detenerse o regresar para verificar una interpretación de la que no está seguro... El préstamo de libros permitirá, además, que los niños puedan continuar leyendo en su casa, ámbito que en algunos casos puede resultar más apropiado que la clase para esta lectura privada.

4. Las *situaciones independientes* pueden clasificarse en dos subgrupos:

A) Situaciones ocasionales: en algunas oportunidades, la maestra encuentra un texto que considera valioso compartir con los niños aunque pertenezca a un género o trate sobre un tema que no se corresponde con las actividades que en ese momento se están llevando a cabo; en otras ocasiones, los alumnos –o algunos de ellos– proponen la lectura de un artículo periodístico, un poema o un cuento que los ha impactado y cuya lectura la maestra también considera interesante. En estos casos, no tendría sentido ni renunciar a leer los textos en cuestión porque no tienen relación con lo que se está haciendo ni "inventar" una relación inexistente; si su lectura permite trabajar sobre algún contenido significativo, la organización de una situación independiente estará justificada.

B) Situaciones de sistematización: estas situaciones son "independientes" sólo en el sentido de que no contribuyen a cumplir los propósitos planteados en relación con la acción inmediata (con la elaboración del producto al que apunta un proyecto o con el deseo de "saber cómo sigue" una novela de aventuras que genera intriga y emoción, por ejemplo). En cambio, guardan siempre una relación directa con los propósitos didácticos y con los contenidos que se están trabajando, porque apuntan justamente a sistematizar los conocimientos lingüísticos construidos a través de las otras modalidades organizativas. Por ejemplo, después de haber realizado una secuencia centrada en la lectura de fábulas, es posible plantear una situación cuyo objetivo es reflexionar sobre los rasgos que caracterizan a las fábulas y las diferencian de los cuentos; después de haber confrontado ciertos problemas relativos a la puntuación en el marco de un proyecto de escritura, es posible proponer una situación cuyo objetivo es "pasar en limpio" los conocimientos que se construyeron al resolver esos problemas...

Es así como la articulación de diferentes modalidades organizativas permite desarrollar situaciones didácticas que tienen duraciones diferentes, que pueden ser permanentes o llevarse a cabo en el curso de periodos limitados, algunas de las cuales se suceden en el tiempo en tanto que otras se entrecruzan en una misma etapa del año escolar. De este modo, la distribución del tiempo didáctico –en lugar de confundirse con la yuxtaposición de parcelas del objeto que serían sucesiva y acumulativamente aprendidas por el sujeto– favorece la presentación escolar de la lectura como una práctica social compleja y la apropiación progresiva de esta práctica por parte de los alumnos.

El esfuerzo por distribuir los contenidos en el tiempo de un modo que permita superar la fragmentación del conocimiento no se limita al tratamiento de la lectura –que ha sido el eje de este artículo–, sino que abarca la totalidad del trabajo didáctico en lengua escrita.

En primer lugar, lectura y escritura se interrelacionan permanentemente: leer "para escribir" resulta imprescindible cuando se desarrollan proyectos de producción de textos, ya que éstos requieren siempre un intenso trabajo de lectura para profundizar el conocimiento de los contenidos sobre los que se está escribiendo y de las características del género en cuestión; recíprocamente, en el marco de muchas de las situaciones didácticas que se plantean, la escritura se constituye en un instrumento que está al servicio de la lectura, ya sea porque es necesario tomar notas para recordar los aspectos fundamentales de lo que se está leyendo o porque la comprensión del texto requiere que el lector elabore resúmenes o cuadros que lo ayuden a restructurar la información provista por el texto.

En segundo lugar, los diferentes géneros –en lugar de distribuirse linealmente, haciendo corresponder ciertos escritos sociales a ciertos grados específicos– aparecen y reaparecen en diferentes momentos de la escolaridad y en el marco de situaciones diferentes, de tal modo que los alumnos puedan reutilizarlos y reanalizarlos desde nuevas perspectivas.

En tercer lugar, las modalidades de trabajo adoptadas durante la alfabetización inicial son básicamente las mismas que se ponen en acción una vez que los niños se han apropiado del sistema alfabético de escritura. Como las situaciones didácticas que se plantean antes y después de que los niños aprendan a leer y escribir en el sentido convencional del término están orientadas por un mismo propósito fundamental –crear condiciones que favorezcan la formación de lectores autónomos y críticos y de productores de textos adecuados a la situación comunicativa que los hace necesarios–, el esfuerzo por reproducir en la escuela las condiciones sociales de la lectura y la escritura está siempre presente. En efecto, desde el inicio de la escolaridad se lee y se escribe para cumplir propósitos definidos, se centra el trabajo en los textos, se analiza críticamente lo leído, se discuten diferentes interpretaciones y se llega a acuerdos, se tiene en cuenta el punto de vista del destinatario cuando se escribe, se revisan cuidadosamente los escritos producidos... Las actividades deben permitir articular dos objetivos: lograr que los niños se apropien progresivamente del "lenguaje que se escribe" –de lo que éste tiene de específico y diferente de lo oral-conversacional, de los diversos géneros de lo escrito, de la estructura y el léxico que son propios de cada uno de ellos– y que aprendan a leer y escribir por sí mismos. En algunos casos, el maestro actúa como mediador, leyendo diferentes textos a los niños o escribiendo al dictado los escritos que ellos componen oralmente; en otros casos, las situaciones de lectura tienden a enfrentar directamente a los niños con los textos para buscar informaciones que necesitan, para localizar un dato determinado, para buscar indicios que les permitan verificar o rechazar sus anticipaciones sobre lo que está escrito y, del mismo modo, las situaciones de escritura plantean a los niños el desafío de producir textos por sí mismos, lo que los lleva a centrarse no sólo en el "lenguaje que se escribe" sino también en cómo hacer para escribir, en aprehender cada vez mejor el modo particular en que el sistema de escritura representa el lenguaje. Cuando la situación exige que los niños lean o escriban directamente, la actividad puede referirse a textos completos o focalizarse en algún fragmento de un texto que ha sido leído o escrito al dictado por la maestra, puede ser individual o grupal, puede responder a un propósito inmediato desde el punto de vista de los niños –por ejemplo, hacer afiches e invitaciones para publicitar la función teatral que se está preparando– o responder solamente a un propósito cuyo cumplimiento no es inmediato pero resulta altamente significativo para los niños en esta etapa: aprender a leer y escribir.

Hemos delineado una modalidad alternativa de distribución del tiempo didáctico, una modalidad que responde a la necesidad de producir un cambio cualitativo en la presentación escolar de la lectura. No podemos concluir este punto sin reconocer que el tiempo escolar resulta insuficiente también desde la perspectiva aquí planteada, que siempre es necesario seleccionar y dejar de lado aspectos que preferiríamos incluir, que la elección resulta siempre difícil y que la única guía que hasta ahora hemos encontrado para decidir es ésta: administrar el tiempo de tal modo que lo importante ocupe siempre el primer lugar.

ACERCA DEL CONTROL: EVALUAR LA LECTURA Y ENSEÑAR A LEER

La evaluación es una necesidad legítima de la institución escolar, es el instrumento que permite determinar en qué medida la enseñanza ha logrado su objetivo, en qué medida fue posible hacer llegar a los alumnos el mensaje que el docente se propuso comunicarles. La evaluación del aprendizaje es imprescindible porque provee información sobre el funcionamiento de las situaciones didácticas y permite entonces reorientar la enseñanza, hacer los ajustes necesarios para avanzar hacia el cumplimiento de los propósitos planteados.

Ahora bien, la prioridad de la evaluación debe terminar allí donde comienza la prioridad de la enseñanza. Cuando la necesidad de evaluar predomina sobre los objetivos didácticos, cuando –como ocurre en la enseñanza usual de la lectura– la exigencia de controlar el aprendizaje se erige en criterio de selección y jerarquización de los contenidos, se produce una reducción en el objeto de enseñanza porque su presentación se limita a aquellos aspectos que son más susceptibles de control. Privilegiar la lectura en voz alta, proponer siempre un mismo texto para todos los alumnos, elegir sólo fragmentos o textos muy breves... son éstos algunos de los síntomas que muestran cómo la presión de la evaluación se impone frente a las necesidades de la enseñanza y del aprendizaje.

Poner en primer plano el propósito de formar lectores competentes nos llevará, en cambio, a promover la lectura de libros completos aunque no podamos controlar con exactitud todo lo que los alumnos han aprendido al leerlos; enfatizar ese propósito nos conducirá además a proponer en algunos casos que cada alumno o grupo de alumnos lea un texto diferente, con el objeto de favorecer la formación de criterios de selección y de dar lugar a las situaciones de relato mutuo o de recomendación que son típicas del comportamiento lector, aunque esto implique correr el riesgo de no poder corregir todos los eventuales errores de interpretación; privilegiar los objetivos de enseñanza nos llevará asimismo a dar un lugar más relevante a las situaciones de lectura silenciosa aunque resulten de más difícil control que las actividades de lectura en voz alta.

Saber que el conocimiento es provisorio, que los errores no se "fijan" y que todo lo que se aprende es objeto de sucesivas reorganizaciones permite aceptar con mayor serenidad la imposibilidad de controlarlo todo. Brindar a los niños todas las oportunidades necesarias para que lleguen a ser lectores en el pleno sentido de la palabra plantea el desafío de elaborar –mediante el análisis de lo ocurrido en el curso de las situaciones propuestas– nuevos parámetros de evaluación, nuevas formas de control que permitan recoger información sobre los aspectos de la lectura que se incorporan a la enseñanza.

Por otra parte, orientar las acciones hacia la formación de lectores autónomos hace necesario redefinir la forma en que están distribuidos en el aula los derechos y deberes relativos a la evaluación. En efecto, para cumplir este objetivo es necesario que la evaluación deje de ser una función privativa del maestro, porque formar lectores autónomos significa, entre otras cosas, capacitar a los alumnos para decidir cuándo su interpretación es correcta y cuándo no lo es, para estar atentos a la coherencia del sentido que van construyendo y detectar posibles inconsistencias, para interrogar el texto buscando pistas que avalen tal o cual interpretación o que permitan determinar si una contradicción que han detectado se origina en el texto o en un error de interpretación producido por ellos mismos... Se trata entonces de brindar a los niños oportunidades de construir estrategias de autocontrol de la lectura. Hacer posible esta construcción requiere que las situaciones de lectura enfrenten a los alumnos con el desafío de validar por sí mismos sus interpretaciones y, para que esto ocurra, es necesario que el maestro postergue la comunicación de su opinión a los niños, que delegue provisoriamente en ellos la función evaluadora.

En vez de estar depositado sólo en el maestro, el control de la validez es entonces compartido con los niños: el maestro mantiene en privado –durante un periodo cuyos límites él mismo determina en cada caso– tanto su propia interpretación del texto como su juicio acerca de la o las interpretaciones formuladas por los niños y los impulsa a elaborar y confrontar argumentos, a validar (o desechar) sus diversas interpretaciones. Las intervenciones que el docente hace durante este periodo en que se abstiene de dar a conocer su opinión son, sin embargo, decisivas: cuando detecta que los niños persisten en no tener en cuenta algún dato relevante que está presente en el texto, interviene señalándolo y planteando interrogantes sobre su relación con otros aspectos que se han considerado; cuando piensa que el origen de las dificultades del grupo para comprender cierto pasaje reside en que los niños no disponen de los conocimientos previos necesarios para su comprensión, brinda toda la información que considera pertinente; cuando, en cambio, las prolongadas discusiones del grupo ponen de manifiesto que los niños no relacionan el tema tratado en el texto con contenidos sobre los cuales se ha trabajado previamente y que sería relevante traer a colación, el maestro actúa como memoria del grupo; cuando predomina una interpretación que él considera errada, afirma que existe otra interpretación posible e incita a buscar cuál es o bien propone explícitamente otras interpretaciones (entre éstas la que él considera más aproximada) y solicita a los niños que determinen cuál les parece más válida y que justifiquen su apreciación.

Finalmente, cuando el maestro considera que la aproximación que se ha realizado a la comprensión del texto es suficiente[6] o que ya se han puesto en juego todos los recursos posibles para elaborar una interpretación ajustada, convalida

---

[6] Por supuesto, el énfasis que se haga en el autocontrol de la comprensión dependerá del tipo de texto que se esté leyendo y del propósito que se persiga: será mucho mayor, por ejemplo, cuando se lea un instructivo para manejar un aparato recién adquirido que cuando se lea un cuento (porque en el primer caso un error de comprensión puede ocasionar un deterioro en el aparato); cuando se lee una novela, el grado de control ejercido por el lector será menor si está leyendo por placer que si lo está haciendo porque debe "estudiarla" para un examen. Las actividades de lectura que se plantean en la escuela deben permitir que los alumnos aprendan a utilizar modalidades de autocontrol adecuadas a cada situación.

aquella que considera correcta, expresa su discrepancia con las otras y explicita los argumentos que sustentan su opinión.

El docente sigue teniendo la última palabra, pero es importante que sea la *última* y no la primera, que el juicio de validez del docente sea emitido una vez que los alumnos hayan tenido oportunidad de validar por sí mismos sus interpretaciones, de elaborar argumentos y de buscar indicios para verificar o rechazar las diferentes interpretaciones producidas en el aula. Este proceso de validación –de co-corrección y autocorrección ejercidas por los alumnos– forma parte de la enseñanza, ya que es esencial para el desarrollo de un comportamiento lector autónomo. La responsabilidad de la evaluación sigue estando, en última instancia, en manos del docente, ya que sólo la delega en forma provisoria y la recupera cuando considera que esa delegación ha cumplido su función. De este modo, resulta posible conciliar la formación de estrategias de auto-control de la lectura con la necesidad institucional de distinguir claramente los roles del maestro y los alumnos.

Aclaremos, finalmente, que las modalidades de control que permiten la participación de los alumnos son productivas no sólo cuando las actividades están centradas en la comprensión sino también en otras situaciones. Piénsese, por ejemplo, en el proyecto de producción de un caset de poemas al que antes nos referimos, en el cual el control de la lectura en voz alta era compartido por el propio lector, los miembros de su grupo, los otros grupos que escuchaban la grabación y el maestro. Control grupal y autocontrol se ponen en juego también en este caso.

En síntesis, para evitar que la presión de la evaluación –esa función que reconocemos como inherente a la escuela– se constituya en un obstáculo para la formación de lectores, resulta imprescindible, por una parte, poner en primer plano los propósitos referidos al aprendizaje de tal modo que éstos no se subordinen a la necesidad de control y, por otra parte, generar modalidades de trabajo que incluyan momentos durante los cuales el control sea responsabilidad de los alumnos.

De todos modos, aunque sea posible ya hacer algunas afirmaciones –como las que hemos hecho en este punto–, la evaluación sigue siendo un campo en el cual pueden identificarse más preguntas que respuestas, un campo problemático que debe constituirse en objeto de la investigación didáctica.

El maestro: un actor en el rol de lector

¿A quién se atribuye en la escuela la responsabilidad de actuar como lector? En tanto que la función de dictaminar sobre la validez de las interpretaciones suele reservarse –como hemos visto en el punto anterior– al maestro, el derecho y la obligación de leer suelen ser privativos del alumno.

Para que la institución escolar cumpla con su misión de comunicar la lectura como práctica social, parece imprescindible una vez más atenuar la línea divisoria que separa las funciones de los participantes en la situación didáctica. En efecto, para comunicar a los niños los comportamientos que son típicos del lector, es necesario que el docente los encarne en el aula, que brinde la oportunidad a sus alumnos de participar en actos de lectura que él mismo está realizando, que entable con ellos una relación "de lector a lector".

Desde esta perspectiva, en el curso de una misma actividad o en actividades diferentes, la responsabilidad de leer puede recaer en algunos casos sólo en el maestro o sólo en los alumnos, o bien puede ser compartida por todos los miembros del grupo. La enseñanza adquiere características específicas en cada una de estas situaciones.

Al adoptar en clase la posición del lector, el maestro crea una ficción: procede "como si" la situación no tuviera lugar en la escuela, "como si" la lectura estuviera orientada por un propósito no didáctico —compartir con otros un poema que lo ha emocionado o una noticia periodística que lo ha sorprendido, por ejemplo—. Su propósito es, sin embargo, claramente didáctico: lo que se propone con esa representación es comunicar a sus alumnos ciertos rasgos fundamentales del comportamiento lector. El maestro interpreta el papel de lector y, al hacerlo, actualiza una acepción de la palabra "enseñar" que habitualmente no se aplica a la acción de la escuela, acepción cuya relevancia en el caso de la lectura ha señalado hace tiempo M.E. Dubois (1984):

> Se puede hablar de enseñar en dos sentidos, como un "hacer que alguien aprenda algo" [...], o como un "mostrar algo"[...]. La idea de enseñar la lectura en esta última forma [...] sería mostrar al niño la manera en que los adultos utilizamos la lectura, del mismo modo que le mostramos la manera en que usamos el lenguaje oral.

Mostrar para qué se lee, cuáles son los textos a los que es pertinente acudir para responder a cierta necesidad o interés, y cuáles resultarán más útiles en relación con otros objetivos, mostrar cuál es la modalidad de lectura más adecuada cuando se persigue una finalidad determinada o cómo puede contribuir a la comprensión de un texto lo que ya se sabe acerca de su autor o del tema tratado... Al leer a los niños, el maestro "enseña" cómo se hace para leer.

La lectura del maestro resulta de particular importancia en la primera etapa de la escolaridad, cuando los niños aún no leen eficazmente por sí mismos. Durante este periodo, el maestro genera muchas y variadas situaciones en las cuales lee diferentes tipos de texto. Cuando se trata de un cuento, por ejemplo, crea un clima propicio para disfrutar de él: propone a los niños que se sienten a su alrededor para que todos puedan ver las imágenes y el texto si así lo desean; lee intentando generar emoción, intriga, suspenso o diversión (según el tipo de cuento elegido); evita las interrupciones que podrían cortar el hilo de la historia y por lo tanto no hace preguntas para verificar si los niños entienden ni explica palabras supuestamente difíciles; alienta a los niños a seguir el hilo del relato (sin detenerse en el significado particular de ciertos términos) y a apreciar la belleza de aquellos pasajes cuya forma ha sido especialmente cuidada por el autor. Cuando termina el cuento, en vez de interrogar a los alumnos para saber qué han comprendido, prefiere comentar sus propias impresiones –como lo haría cualquier lector– y es a partir de sus comentarios como se desencadena una animada conversación con los niños sobre el mensaje que puede inferirse a partir del texto, sobre lo que más impactó a cada uno, sobre los personajes con los que se identifican o los que les resultan extraños, sobre lo que ellos habrían hecho si hubieran tenido que enfrentarse con una situación similar al conflicto planteado en el cuento...

Cuando, en cambio, se recurre a una enciclopedia o a otros libros para buscar respuesta a las preguntas que los niños se hacen en relación con un tema sobre el cual están trabajando –por ejemplo, al estudiar el cuerpo humano los niños de cinco o seis años suelen hacerse preguntas como "¿por qué se llaman *dientes de leche* los que se nos están cayendo?, ¿serán realmente de leche?"; "¿es el corazón el que empuja la sangre o es la sangre la que empuja el corazón?"–, el maestro recurrirá al índice, leerá los diferentes títulos que en él figuran y discutirá con los niños bajo cuál de ellos será posible encontrar la información que se busca; una vez localizado el capítulo en cuestión, se ubicarán los subtítulos, el maestro los leerá (mostrándolos), se elegirá aquel que parezca tener relación con la pregunta formulada, el maestro explorará rápidamente esa parte del texto (señalando) hasta localizar la información, luego la leerá y se analizará en qué medida responde a la inquietud surgida...

Una vez terminada la lectura, tanto en el caso del texto literario como en el del informativo, el maestro pone el libro que ha leído en manos de los niños para que lo hojeen y puedan detenerse en lo que les llama la atención; propone que se lleven a su casa ese libro y otros que les parezcan interesantes... Hace estas proposiciones porque quiere que los niños descubran el placer de releer un texto que les ha gustado o de evocarlo mirando las imágenes, porque considera importante que sus alumnos sigan interactuando con los libros y compartiéndolos con otros, porque no considera imprescindible controlar toda la actividad lectora de sus alumnos.

El maestro continuará actuando como lector –aunque seguramente no con tanta frecuencia como al comienzo– durante toda la escolaridad, porque es leyéndoles materiales que él considera interesantes, bellos o útiles como podrá comunicar a los niños el valor de la lectura.

Ahora bien, operar como lector es una condición necesaria pero no suficiente para enseñar a leer. Cuando los niños se enfrentan directamente con los textos, la enseñanza adquiere otras características, se requieren otras intervenciones del docente. Estas intervenciones están dirigidas a lograr que los niños puedan leer por sí mismos, que progresen en el uso de estrategias efectivas, en sus posibilidades de comprender mejor aquello que leen.

En algunos casos –como ya se ha dicho–, la responsabilidad de la lectura será compartida. Esta modalidad resulta apropiada, por ejemplo, cuando se aborda un texto difícil para los niños. Mientras están leyendo, el maestro los alienta a continuar la lectura sin detenerse ante cada dificultad, sin pretender entenderlo todo, tratando de comprender cuál es el tema tratado en el texto; una vez que se han intercambiado ideas a partir de esa lectura global, se propone una segunda lectura durante la cual se irá descubriendo que conocer todo el texto permite comprender mejor cada parte. En el transcurso de esta lectura o durante la discusión posterior, el maestro interviene –si lo considera necesario– agregando información pertinente para una mejor comprensión de algún pasaje, sugiriendo a los alumnos que establezcan relaciones entre partes del texto que ellos no han relacionado por sí mismos, preguntando sobre las intenciones del autor, incitando a distinguir entre lo que el texto dice explícitamente y lo que quiere decir... La ayuda brindada por el maestro consiste en proponer estrategias de las cuales los niños irán apropiándose progresivamente y que les serán útiles para abordar nuevos textos que presenten cierto grado de dificultad. En estas situaciones, el maestro incitará además a la cooperación entre los alumnos, con el objeto de que la confrontación de puntos de vista conduzca hacia una mejor comprensión del texto.

Finalmente, en situaciones como las que hemos analizado en el punto anterior, el maestro devuelve totalmente a los niños la responsabilidad de la lectura –genera una actividad que les exige trabajar solos durante un lapso determinado–, con el objeto de que se esfuercen por comprender y de que construyan herramientas de autocontrol.

En síntesis, tanto al mostrar cómo se hace para leer cuando el maestro se ubica en el rol de lector, como al ayudar sugiriendo estrategias eficaces cuando la lectura es compartida, como al delegar en los niños la lectura –individual o grupal–, el maestro está enseñando a leer.

LA INSTITUCIÓN Y EL SENTIDO DE LA LECTURA

La problemática planteada por la formación del lector, lejos de ser específica de determinados grados, es común a toda la institución escolar. El desafío de darle sentido a la lectura tiene entonces una dimensión institucional y, si esta dimensión es asumida, si la institución como tal se hace cargo del análisis del problema, si sus integrantes en conjunto elaboran y llevan a la práctica proyectos dirigidos a enfrentarlo, comienza a hacerse posible acortar la distancia entre los propósitos y la realidad.

"Maestros aislados en aulas cerradas no pueden resolver problemas que les son comunes en tanto atraviesan el tiempo y el espacio de sus aulas", señala M. Castedo (1995) al referirse a los contextos en que se constituyen lectores y escritores –contextos que, por supuesto, trascienden a la institución escolar–. Además de hacer notar la importancia de que los docentes establezcan acuerdos sobre la forma en que la lectura se hace presente en todos los grupos –sobre los contenidos que se seleccionan y las estrategias que se eligen para comunicarlos–, la autora subraya los efectos positivos producidos por proyectos institucionales tales como el periodismo escolar, el intercambio epistolar y la formación de clubes de teatro o clubes de abuelos narradores.

En efecto, los proyectos institucionales permiten instalar en la escuela –y no sólo en el aula– un "clima lector" que en algunos casos se extiende hacia los hogares, porque va involucrando imperceptiblemente no sólo a los niños sino también a las familias. Es lo que ocurrió, por ejemplo, con un proyecto llevado a cabo en una de las escuelas de Caracas donde desarrollamos nuestra experiencia:[7] un quiosco dedicado al canje y préstamo de libros y otras publicaciones –que funcionaba en el patio de la escuela y era atendido rotativamente durante los recreos por diferentes miembros de la institución– llegó a constituirse en un sitio de reunión obligado de niños y padres, en un lugar donde se escuchaban simultáneamente muchas conversaciones vinculadas con las lecturas realizadas, donde siempre podía verse a algún niño que mostraba a otros cierto fragmento de un cuento, historieta o poema que había llamado su atención, donde se presenciaban a veces discusiones entre dos alumnos de diferentes grados porque uno de ellos no quería despedirse todavía del libro que el otro había reservado para leer en su casa, donde se incluyó luego –a raíz de la aparición espontánea de algunos "anuncios"– una cartelera en la cual los padres podían hacer saber que necesitaban tal o cual material (un manual de mecánica, un instructivo para realizar cierta construcción, una revista de tejido), con la seguridad de que alguno de los "clientes" del quiosco podría tener o conseguir lo que estaban buscando...

Un proyecto como el periódico escolar puede dar lugar, siempre y cuando se creen las condiciones institucionales adecuadas, a un intercambio fecundo entre alumnos de grados diferentes. En efecto, cuando se logra –a pesar de los obstáculos que invariablemente existen– encontrar un tiempo común para la coordinación entre los docentes y fijar un horario en un día de la semana en que todos los grados se dedican a producir noticias o artículos, es posible ofrecer a los

---

[7] Esta experiencia tuvo lugar en el marco de las investigaciones sobre lectura desarrolladas por la Dirección de Educación Especial de Venezuela, con la cooperación técnica de la OEA, durante el periodo comprendido entre 1982 y 1993.

alumnos la oportunidad de agruparse (al menos para producir algunos textos) en función de sus intereses en ciertos temas –cine, deportes, conservación del ambiente, etc.–, independientemente del grado que cursen; en estos equipos muy heterogéneos, ocurre con frecuencia que alumnos de grados superiores que tienen dificultades para leer y escribir descubran, al ayudar a los más pequeños, que saben más de lo que creían y adquieran entonces una seguridad que los impulsa a progresar; los más pequeños, por su parte, encuentran nuevas oportunidades de avanzar cuando se dirigen a sus compañeros mayores para plantearles problemas o hacerles preguntas que no se hubieran atrevido a formular de ser el maestro su único interlocutor. Para los maestros, experiencias como éstas resultan también muy fecundas, porque presenciar los intercambios entre alumnos que se encuentran en momentos muy diferentes de su desarrollo como lectores los lleva a reflexionar sobre sus propias intervenciones e, incluso, en algunos casos, a generar estrategias didácticas inéditas.

Uno de los méritos fundamentales de los proyectos institucionales es el de proveer un marco en el cual la lectura cobra sentido no sólo para los alumnos sino también para los maestros.

Cuando el maestro actúa como lector en el aula –señalábamos en el punto anterior– lo hace en función de un objetivo didáctico: comunicar a sus alumnos aspectos fundamentales del comportamiento lector, de la naturaleza de la lengua escrita, de las características específicas de cada género de lo escrito.

Cuando el maestro se compromete en un proyecto que involucra a toda la escuela, si se crean las condiciones adecuadas, la lectura adquiere para él otro valor: el de instrumento imprescindible para encontrar herramientas de análisis de los problemas didácticos que se han planteado y sobre los cuales el grupo de docentes esta convocado a reflexionar, para confrontar las estrategias que ellos imaginan con las utilizadas en el marco de otras experiencias para resolver esos problemas, para conocer los resultados de investigaciones didácticas que hayan estudiado el funcionamiento de propuestas dirigidas a resolver los problemas en cuestión.

La experiencia más notable que podemos citar en este sentido tuvo lugar en una escuela de la provincia de Buenos Aires, cuyos docentes emprendieron un doble proyecto: producir una revista con la participación de todos los alumnos de la escuela y publicar un documento didáctico en el cual se sintetizarían los problemas confrontados, las respuestas elaboradas y las reflexiones generadas en el proceso de producción de la revista.[8]

La elaboración de la revista, según se señala en el editorial, requirió de más de cuarenta y cinco días de trabajo, en ella participaron cuatrocientos cuarenta alumnos (quince secciones de grado), que escribieron más de ochocientos textos. Los gastos de impresión se solventaron con la colaboración de algunos comerciantes de la zona, que publicitaron sus productos en la revista, a solicitud de los alumnos. El documento didáctico –en el cual se presentan crónicas y registros de clase, así como análisis de la experiencia realizados por los diferentes docentes involucrados– hace énfasis tanto en la importancia acordada a la lectura como en el laborioso proceso de escritura de borradores y sucesivas reescrituras que caracterizó el trabajo de los alumnos al producir los artículos incluidos en la revista.

---

[8] Se trata de la escuela número 183 del Partido de La Matanza, que funciona en un barrio cuyos habitantes son de muy escasos recursos. Esta escuela lleva a cabo, desde 1989, un trabajo innovador y reflexivo en el ámbito de la lengua escrita. La experiencia aquí citada se realizó en 1993 y fue coordinada por Haydée Polidoro.

Antes de explicitar la importancia que este proyecto tuvo para los maestros en tanto lectores, permítasenos citar sus palabras para mostrar cuáles fueron los ejes del trabajo:

> Nos propusimos en un comienzo [...] propiciar que los chicos se pusieran en activo contacto con diarios y revistas; dedicar tiempo a la discusión de los temas que contenían las noticias; realizar actos de lectura múltiples, que aparecieran como una necesidad compartida entre docentes y alumnos; estimular las anticipaciones del significado a partir de todos los indicadores posibles; involucrar a los chicos en la publicación de la revista a fin de realizar noticias comunicables realmente; estipular planes previos a la escritura de cada artículo; incrementar el vocabulario y frases pertinentes al discurso periodístico tanto desde la oralidad como desde la escritura; favorecer la reflexión sobre la coherencia y la cohesión en los textos; abordar los medios periodísticos gráficos con lo que llamamos el efecto "pinza": por un lado con el conocimiento del portador total, por el otro con el análisis de noticias puntuales, específicas, seleccionadas por nosotros o propuestas por los chicos y que resultaran significativas.

Por otra parte, se subraya que al favorecer el contacto de los niños con el portador completo –en vez de presentar noticias o artículos previamente recortados por la maestra–, se hizo posible desarrollar la lectura selectiva, ya que los niños tenían oportunidad de explorar el diario y de detenerse en aquello que les interesaba. La adopción de una postura crítica frente a los mensajes de los medios de comunicación masiva –otro de los ejes fundamentales del trabajo– se vio favorecida por una coincidencia: mientras se estaba realizando la experiencia, apareció en un matutino de gran circulación un artículo sobre el barrio al que pertenece la escuela, en el cual había muerto una persona por haber ingerido vino adulterado. Este artículo fue leído por todos los grupos de cuarto a séptimo grado y se discutió con los niños la veracidad de la descripción del barrio hecha por el periodista; a partir de este cuestionamiento, se decidió entrevistar a vecinos que habitaban el lugar desde hacía mucho tiempo para consultar su opinión y, finalmente, se volcó la información obtenida y analizada en un artículo de la revista elaborado por quinto grado, cuyo título es "La verdadera historia de nuestro barrio".

Ahora bien, el valor fundamental que adquirió la lectura para los maestros se hace notar sobre todo en el balance que hacen de los resultados del proyecto. Entre los logros, los docentes señalan que éste generó un avance importante en su propia capacitación:

> Recortar el espectro lingüístico al de una especialidad (el discurso periodístico) nos permitió saber más de lo que debíamos enseñar. Por consiguiente, tuvimos mayor claridad sobre lo que queríamos lograr en el aula. Saber más nos permitió ampliar la búsqueda de ofertas didácticas y hacer buenas lecturas de los procesos de apropiación de los alumnos.

Agregan luego que alcanzaron un buen nivel de reflexión pedagógica, que pudieron detectar cada vez mejor los obstáculos que se planteaban en el aprendizaje y generar las propuestas que los resolvieran, que aprendieron "a aceptar el fracaso de una propuesta, a reconocer no haberse dado cuenta de..., a reconocer no haberse entusiasmado con..." y concluyen: "Este tipo de logros es posible cuando el eje del trabajo de los docentes pasa por el mejoramiento pedagógico y se toma conciencia de las limitaciones que cada uno de nosotros tiene al respecto. *Nos hemos acostumbrado a no defender nuestra ignorancia*".

Entre los aspectos no logrados, los docentes mencionan que no pudieron trabajar con intensidad –por falta de tiempo– algunos de los tipos de texto presentes en el diario y que el trabajo sobre escritura no tuvo la profundidad deseada porque no disponían de información didáctica suficiente: "Hubiéramos necesitado una planificación un tanto más precisa en lo que respecta a qué revisar en un texto y cómo revisarlo. Lamentablemente nos llegó a destiempo una información teórica [...] que nos hubiera sido de gran utilidad".

Para estos docentes, la lectura forma parte de un proyecto, cumple una función relevante para la labor profesional, contribuye a enriquecer las discusiones sobre los problemas lingüísticos, psicolingüísticos y didácticos que se presentan en el curso del trabajo, abre nuevos panoramas, aporta nuevas perspectivas desde las cuales se revisa la tarea emprendida. El proyecto, afirman:

> transformó a la escuela en una usina de conocimientos que se generaron tanto por parte de los alumnos como de los docentes. La circulación incansable de trabajos y experiencias nos dejó la sensación de "misión cumplida" al terminar el año. [...] La realización de una tarea significativa y compartida reconcilia a los maestros con la profesión, a pesar de las condiciones laborales adversas.

Estamos pues en condiciones de responder a la pregunta planteada en el título de este capítulo: si se logra producir un cambio cualitativo en la gestión del tiempo didáctico, si se concilia la necesidad de evaluar con las prioridades de la enseñanza y el aprendizaje, si se redistribuyen las responsabilidades de maestro y alumnos en relación con la lectura para hacer posible la formación de lectores autónomos, si se desarrollan en el aula y en la institución proyectos que doten de sentido a la lectura, que promuevan el funcionamiento de la escuela como una microsociedad de lectores y escritores en la que participen niños, padres y maestros, entonces... sí, es posible leer en la escuela.

Capítulo 5
El papel del conocimiento didáctico en la formación del maestro[1]

El conocimiento didáctico como eje del proceso de capacitación

Afirmar que el conocimiento didáctico debe ocupar un lugar central en la capacitación de los maestros es correr el riesgo de explicitar lo que no requiere ser explicitado, es quizás incurrir en una redundancia injustificada.

¿Por qué entonces dedicar varias páginas a defender una afirmación que parece tan obvia? Porque la necesidad de tomar como eje el conocimiento didáctico no ha sido –y en muchos casos todavía no es– suficientemente contemplada en los procesos de capacitación. También en este caso se verifica algo que tan claramente mostró Piaget en otros terrenos: lo que aparece como obvio en realidad es producto de una construcción.[2]

---

[1] Una primera versión de este capítulo fue presentada como ponencia en el Primer Seminario Internacional sobre "¿Quién es el profesor del tercer milenio?", organizado por AVANTE, Qualidade, Educaçao e Vida (Bahia, Brasil, agosto de 1995) y fue publicada en portugués en las Memorias del Seminario.

[2] En este caso, se trata de una construcción laboriosa, cooperativa y –por supuesto– inacabada. Las consideraciones que en estas páginas se hacen sobre la capacitación de los docentes son producto de múltiples reflexiones y discusiones sostenidas con diversos colegas en el marco de proyectos de capacitación que fueron desarrollados en equipo o llevados a cabo en diferentes países y circunstancias. Se reflejarán aquí ideas que estaban en germen en los análisis realizados con Magaly Pimentel y otros miembros del equipo de lectura de la Dirección de Educación Especial de Venezuela –a partir de 1982– en el curso de los proyectos de capacitación e investigación que contaron con la cooperación técnica de la OEA. Se evidenciará la huella indeleble impresa en nuestro trabajo posterior por el constante análisis crítico que acompañó el proceso de capacitación docente (1988-1991) desarrollado en el marco del Gabinete de Aprendizaje de la Dirección de Educación Primaria de la Provincia de Buenos Aires y más particularmente por los aportes de María Elena Cuter y Mirta Torres.

Saber que los problemas que los maestros enfrentan día a día en el aula están vinculados a la enseñanza o al aprendizaje escolar de contenidos determinados no fue suficiente para deducir inmediatamente que los conocimientos más relevantes para ellos son precisamente aquellos que contribuyen a resolver esos problemas, es decir, los conocimientos didácticos.

Deslumbrados ante todo por los impactantes resultados de las investigaciones psicogenéticas (a partir de Ferreiro y Teberosky, 1979), ávidos luego por incorporar los aportes psicolingüísticos referidos al acto de lectura y al acto de escritura –los trabajos de Smith, Goodman, Hayes y Flowers, etc–, impresionados más tarde por los avances de la lingüística textual (sobre todo por las contribuciones de Van Dijk y Halliday) o por los estudios psicolingüísticos vinculados a ella (Fayol, Charolles), los capacitadores no pudimos sustraernos a la tentación de poner en primer plano los contenidos psicológicos y lingüísticos; esos contenidos que –desde nuestra perspectiva– constituían los fundamentos imprescindibles para la enseñanza de la lectura y la escritura, los pilares a partir de los cuales era posible empezar a pensar la acción didáctica.

Felizmente –aunque llevó tiempo entender las causas y descubrir que se trataba de una circunstancia feliz–, la perspectiva de los maestros no coincidía exactamente con la nuestra. Si bien ellos se sentían muy sorprendidos por el caudal de conocimientos infantiles que empezaban a detectar y

---

Por otra parte, aparecerán aquí reflexiones que fueron posibles gracias al intercambio inaugurado en 1987 –en México, en el marco del Encuentro de Experiencias Alternativas de Alfabetización, convocado y coordinado por Emilia Ferreiro– con colegas responsables de proyectos de capacitación de muy diversas características, así como ideas que son producto de las fecundas discusiones sostenidas a través del tiempo y del espacio con Ana María Kaufman, Telma Weisz, Myriam Nemirovsky y Patricia Sadovsky.

Finalmente, el análisis que se hace sobre la problemática involucrada en la capacitación debe mucho a las contribuciones de la escuela francesa de Didáctica de la Matemática y, en particular, a algunos trabajos recientes realizados desde esta perspectiva sobre la formación docente.

que hasta ese momento había permanecido oculto tras la aparente ignorancia de sus alumnos, si bien se impresionaban –con la alegría del aprendizaje, pero también muchas veces con desazón o desconcierto– por los aspectos de la lengua escrita, de la lectura y de la escritura que iban descubriendo en el transcurso del proceso de capacitación; si bien se daban cuenta de que los conocimientos psicológicos y lingüísticos les resultaban muy útiles porque los llevaban a plantearse nuevos interrogantes acerca del objeto a enseñar y del proceso de aprendizaje de ese objeto; si bien llegaban a evaluar críticamente los métodos usuales de enseñanza al analizarlos a la luz de los resultados de las investigaciones estudiadas y a elaborar criterios didácticos que orientaban la planificación de actividades más acordes con esos resultados, de todos modos pensaban –y nos lo hacían saber de diversas maneras– que estos conocimientos no eran de ningún modo suficientes para dar respuesta a los problemas que ellos debían afrontar en su tarea cotidiana.

Coordinar las perspectivas de los participantes de una situación de capacitación docente está lejos de ser sencillo. Los maestros insistentemente nos hacían preguntas o pedidos como éstos: "Explíquenos mejor cómo es la actividad que hay que hacer para que los niños aprendan este contenido específico", "¿cuál de estas actividades hay que hacer primero y cuál después?", "¿cuál es la intervención más adecuada si los chicos cometen determinado error?", "si dos niños están discutiendo tal cuestión, ¿cómo intervengo?"... Y nosotros nos preguntábamos: ¿por qué nos piden recetas?, ¿por qué esperan que les demos todo resuelto en lugar de construir ellos mismos las "implicaciones didácticas"?

Todavía no sabíamos escuchar a los maestros de la misma manera que lo hacíamos con los niños, todavía no entendíamos bien el sentido de algunos de los interrogantes que ellos se planteaban. En tanto capacitadores, todavía no estábamos en condiciones –por paradójico que esto pueda resultar– de comprender cabalmente el punto de vista de nuestros alumnos, a pesar de que esto era justamente lo que les demandábamos que hicieran con los suyos. No habíamos descubierto aún lo que tan claramente señala Brousseau (1994) en relación con la investigación didáctica y que nosotros podemos aplicar –parafraseándolo– a la capacitación: cuando muchos maestros plantean los mismos problemas, lo mínimo que tiene que hacer el capacitador es preguntarse por qué los plantean e intentar entender cuáles son y en qué consisten los problemas que están enfrentando.

Dos factores fueron esenciales para avanzar en el análisis de la situación y para generar progresos en el trabajo de capacitación de los docentes: la conceptualización de la especificidad del conocimiento didáctico y la reflexión sobre nuestra propia práctica como capacitadores.
La cuestión de la especificidad del conocimiento didáctico se constituyó en un tema prioritario de discusión gracias al encuentro con la rigurosa producción realizada en el marco de la Didáctica de la Matemática francesa. En efecto, en estos trabajos –y en particular en los de G. Brousseau– se rechaza explícitamente la simple "importación" de saberes de otras ciencias y se concibe la didáctica de cada rama del saber como una ciencia autónoma cuyo objeto de estudio es la comunicación del conocimiento. De este modo, el saber didáctico, aunque se apoya en saberes producidos por otras ciencias, no puede deducirse simplemente de ellos; el saber didáctico se construye para resolver problemas propios de la comunicación del conocimiento, resulta del estudio sistemático de las interacciones que se producen entre el maestro, los alumnos y el objeto de enseñanza; es producto del análisis de

las relaciones entre la enseñanza y el aprendizaje de cada contenido específico; se elabora a través de la investigación rigurosa del funcionamiento de las situaciones didácticas.

Curiosamente, el encuentro con estas ideas nos permitió conceptualizar mejor el trabajo que nosotros mismos habíamos realizado en el ámbito de la lengua escrita, nos ayudó a tomar conciencia de la relevancia que había tenido la producción de conocimiento didáctico en las experiencias de enseñanza de la lectura y la escritura desarrolladas con los niños. Al analizar este trabajo teniendo en cuenta la redefinición del saber didáctico formulada en el marco de la Didáctica de la Matemática, descubrimos que, en los hechos –y aun cuando no nos hubiéramos dado cuenta claramente de ello–, no nos habíamos limitado a deducir orientaciones didácticas a partir de los estudios psicológicos o lingüísticos; muy por el contrario, las investigaciones didácticas realizadas en diferentes países –sin haber alcanzado el rigor de los estudios referidos a la enseñanza de la matemática– habían permitido indudablemente poner a prueba hipótesis didácticas elaboradas con base en los conocimientos psicológicos y lingüísticos, habían conducido en algunos casos a rechazar esas hipótesis y en otros casos a convalidarlas, habían dado lugar a la formulación de nuevos problemas y nuevas hipótesis a partir del estudio de lo que ocurría en el aula. Existía ya un cuerpo de conocimientos –aún no suficientemente sistematizado– sobre la enseñanza y el aprendizaje escolar de la lengua escrita.

Por otra parte, el análisis de nuestra propia práctica como capacitadores –en particular las reflexiones realizadas en el marco del proyecto desarrollado en la Provincia de Buenos Aires– nos ayudó a comprender mucho mejor las preguntas de los maestros y contribuyó en forma decisiva a poner un énfasis cada vez mayor en el conocimiento didáctico como contenido de la capacitación.

En efecto, nuestras notas y registros mostraban que, al planificar cada sesión de un taller, nosotros nos hacíamos preguntas similares a las que solían plantearnos los maestros, preguntas que no podían responderse apelando simplemente a la Psicología o a la Lingüística. Múltiples discusiones tenían lugar en el equipo hasta que llegábamos a definir la situación didáctica (el problema, la propuesta, la consigna) que nos parecía más adecuada para que los maestros aprendieran cada uno de los contenidos que queríamos enseñarles: para que tomaran conciencia de la naturaleza del acto de escritura o del acto de lectura, para que pudieran formular las condiciones didácticas que es esencial tener en cuenta cuando se planifica una situación de lectura o una situación de escritura, para que elaboraran criterios que les permitieran analizar desde una nueva perspectiva las actividades típicas de la enseñanza usual, para que pudieran interpretar el significado de determinadas acciones o respuestas de los niños, para que descubrieran las características de diferentes tipos de textos y pudieran discutir profundamente los requisitos de las actividades que es pertinente realizar con cada uno de ellos, para que redefinieran el lugar de la corrección en el proceso de aprendizaje de la lectura o la escritura...

La preocupación por determinar la forma más adecuada para comunicar los contenidos aparecía no sólo en el momento de la planificación sino también en el de la evaluación: nos esforzábamos por detectar en qué medida las situaciones propuestas habían servido para que los maestros comprendieran el mensaje que intentábamos comunicarles, por analizar las intervenciones que habíamos hecho en el curso de cada situación y los efectos que ellas habían generado, por descubrir las razones de algunos malentendidos que se producían y diseñar actividades que pudieran evitarlos o corregirlos, por comparar las estrategias puestas en práctica por diferentes capacitadores –o por el mismo capacitador en diferentes oportunidades– al trabajar sobre ciertos contenidos, por establecer las ventajas o inconvenientes que cada una de esas estrategias pudiera presentar...

En tanto que algunas de las preguntas que nos hacíamos sobre las actividades e intervenciones aparecían una y otra vez, las respuestas que buscábamos guardaban siempre estrecha relación con el contenido particular que queríamos enseñar. Si bien nuestras acciones estaban constantemente guiadas por la convicción de que todos los sujetos –también los maestros– construyen el conocimiento como respuesta a problemas desafiantes para ellos, y de que la interacción con el objeto de conocimiento y con los otros sujetos desempeña un papel fundamental en esa construcción, estos principios generales de ninguna manera llevaban a encontrar las respuestas a nuestras preguntas: cuáles son los problemas que resultan desafiantes y cuáles son las interacciones que es necesario o conveniente propiciar son interrogantes que sólo pueden responderse en relación con cada contenido específico, son interrogantes generales que requieren respuestas particulares porque las respuestas varían necesariamente en función de la naturaleza del saber que se quiere comunicar.

Además de esta preocupación central vinculada con la interrelación forma-contenido, nuestros interrogantes giraban también alrededor de otras cuestiones –cuya relevancia se fue evidenciando con mayor nitidez a medida que se acrecentaba nuestra experiencia en la capacitación– que se referían a la organización y el funcionamiento de los grupos de trabajo. No se trataba sólo de decidir en cada caso si convenía que la actividad fuera individual, grupal o colectiva, se trataba también de definir cuáles serían nuestras propias intervenciones en cada momento de la tarea: ¿qué hacer, por ejemplo, cuando un subgrupo se aleja demasiado de los otros en sus reflexiones?, ¿dejar que los conflictos se planteen en la discusión colectiva o, por el contrario, intervenir en el pequeño grupo para acercarlo al nivel de reflexión de los otros?; ¿cómo intervenir cuando se observa que la mayoría de los integrantes de un grupo se somete a la opinión de uno de sus miembros?, ¿la intervención del capacitador debe ser (o no) la misma cuando piensa que el líder está en lo cierto y cuando piensa que está equivocado?, ¿qué haríamos en el caso de que su postura fuera correcta pero los demás la repitieran sin comprenderla?, ¿la aceptaríamos como válida o bien propondríamos contraejemplos para "agitar" la discusión y obligar a los demás a intervenir? Si tomáramos esta última opción, ¿qué contraejemplos podríamos proponer?...

En síntesis, al reflexionar sobre lo que nosotros mismos pensábamos cuando planificábamos o evaluábamos nuestras clases, tomamos conciencia de que las preocupaciones de los maestros coincidían con las nuestras, de que tanto ellos como nosotros estábamos muy preocupados por las condiciones que tenían que cumplir las propuestas para resultar productivas, por la organización de la clase, por las intervenciones del docente en el curso de cada actividad y en relación con distintos sujetos o grupos... Comprendimos también por qué los ejemplos de actividades que solíamos presentar a los maestros siempre les parecían escasos: porque saber cómo presentar un contenido particular no es suficiente para saber cómo presentar otros, ya que el *cómo* depende estrechamente del *qué*.

Fue así como la reconceptualización del saber didáctico y el descubrimiento de que maestros y capacitadores compartíamos preocupaciones similares respecto a la enseñanza y el aprendizaje se conjugaron para llevarnos a operar cambios en el proceso de capacitación, fue así como el saber didáctico pasó a ocupar el primer plano en nuestro trabajo con los maestros.

Al cambiar el eje del trabajo, los resultados también cambiaron. Y, como tan claramente nos lo hizo notar María Elena Cuter, fueron otra vez las preguntas de los maestros las que nos permitieron evaluar la efectividad de lo que estábamos haciendo: las preguntas por el *cómo* fueron sustituidas por las preguntas sobre el *por qué*.

Acerca de conservaciones y transformaciones

Aunque la transformación producida en el proceso de capacitación fue importante, también lo fue la conservación de aquellas situaciones que habían sido evaluadas como productivas y que se orientaban ya –desde mucho antes de la toma de conciencia relatada en el punto anterior– hacia la construcción de conocimiento didáctico por parte de los maestros.

Las situaciones de "doble conceptualización"

Entre las situaciones que conservamos, revisten particular interés aquellas que persiguen un doble objetivo: lograr, por una parte, que los maestros construyan conocimientos sobre un objeto de enseñanza y, por otra parte, que elaboren conocimientos referidos a las condiciones didácticas necesarias para que sus alumnos puedan apropiarse de ese objeto.

Estas situaciones contemplan dos fases sucesivas, cada una de las cuales corresponde a uno de los objetivos planteados, y pueden ejemplificarse a través de una actividad que hemos utilizado muchas veces para trabajar sobre la naturaleza de la escritura:

1. En la primera fase se plantea una propuesta como la siguiente: producir en grupo un mensaje dirigido a un destinatario específico. Puede tratarse, por ejemplo, de elaborar un informe para el supervisor o el director de la escuela sobre las actividades realizadas en el curso, de hacer un resumen de algún material bibliográfico para compartirlo con otros compañeros que no tendrán oportunidad de leerlo directamente porque se ha conseguido sólo un ejemplar prestado por pocos días, de escribir una carta de lector para hacer público algún pedido o reclamo vinculado con un problema que están viviendo los participantes... Se solicita además que, mientras cada grupo escribe, uno de sus miembros actúe como observador y registre todas las discusiones que tengan lugar. Una vez que se ha terminado la escritura, cada grupo se dedica a discutir el registro de lo sucedido durante la producción. Finalmente, se hace una puesta en común basada en las conclusiones de los diferentes grupos.

¿Qué aprenden los participantes en esta fase?

A) Al discutir los problemas que se les plantean y, sobre todo, al analizar los registros de sus interacciones, ellos toman conciencia de que la escritura involucra procesos de planificación, textualización y revisión, de que esos procesos son recursivos, de que al escribir es necesario enfrentar y resolver múltiples problemas: ¿cómo expresar lo que queremos comunicar de tal modo que logremos ser entendidos?, ¿cómo decirlo para producir en el interlocutor los efectos que deseamos y no otros?, ¿cómo convencerlo de que tenemos razón?, ¿será necesario incluir tal o cual información, o la ya incluida es suficiente para que nos entienda?, ¿será adecuada esta expresión o le parecerá fuera de lugar?, ¿cómo separar claramente estas dos ideas para que el lector no crea que hay entre ellas una relación que no queremos establecer?...

B) La puesta en común de lo ocurrido en los diferentes grupos permite abstraer aspectos esenciales del acto de escritura y lleva a definirla como una actividad inserta en un contexto comunicativo, que implica una "sobrecarga cognitiva" porque plantea simultáneamente múltiples problemas (semánticos, sintácticos, pragmáticos).

C) Las intervenciones del capacitador permiten establecer nuevas relaciones entre los aportes de los diferentes grupos, así como hacer observables hechos o problemas no detectados por los maestros y acceder a informaciones que complementan los conocimientos elaborados en el curso de la actividad.

2. En la segunda fase, una vez conceptualizado el contenido al que se apunta –en este caso, la naturaleza del acto de escritura–, se formulan interrogantes que llevan a reflexionar sobre las características de la situación didáctica propuesta ¿por qué se ha elegido esa actividad –escribir una misiva real para un destinatario específico– y no otra?; ¿se cumplirían los mismos objetivos si se planteara una actividad similar pero sin especificar un destinatario?; ¿constituyó la situación un desafío para los participantes?, ¿para todos en la misma medida?; ¿por qué se planteó en forma grupal?; ¿cuáles fueron las intervenciones del capacitador?, ¿por qué intervino de ese modo y no de otro?, ¿cuál fue su actitud cuando los participantes cometían algún error?, ¿por qué?...

¿Qué se aprende en esta segunda fase?

A) La reflexión sobre las características de la situación de aprendizaje en la que los docentes han participado como alumnos hace posible conceptualizar algunas cuestiones fundamentales desde el punto de vista didáctico: la necesidad de que la presentación escolar de la escritura conserve el sentido social de esta actividad, la importancia de que los alumnos escriban para cumplir con algún propósito relevante para ellos y dirigiendo su escrito a algún destinatario o a cierto público, el papel de la cooperación entre los "escritores" en la detección y resolución de problemas, la reconsideración del error como parte constitutiva del aprendizaje y –en este caso particular– del acto de escritura, la necesidad de lograr que los alumnos construyan instrumentos de autocontrol para revisar por sí mismos sus textos, la diversidad de las intervenciones del docente o la función de cada una de ellas...

B) La confrontación de lo ocurrido en distintos grupos permite reflexionar sobre los diversos efectos que puede producir una misma situación, sobre las razones por las cuales el capacitador intervino de diferentes maneras en cada uno de los grupos y en distintos momentos del proceso. Por otra parte, la confrontación hace posible establecer rasgos comunes a las diferentes situaciones ocurridas en los grupos y, por consiguiente, llegar a conceptualizaciones de validez más general.

C) Las apreciaciones del capacitador durante la puesta en común contribuyen a profundizar la fundamentación de la propuesta y de las intervenciones por él realizadas en las diferentes fases de la actividad, así como a enriquecer las conclusiones brindando la información que considere necesaria.

Este tipo de situaciones –que, según descubrimos recientemente (Robert, 1991), han sido utilizadas también para la formación de docentes en Didáctica de las Matemáticas– son eficaces cuando resulta imprescindible que los maestros revisen, profundicen o amplíen sus conocimientos sobre un contenido particular, lingüístico o psicolingüístico.

Cuando se trata de esclarecer un contenido psicolingüístico como la naturaleza del acto de escritura o del acto de lectura, la situación se orienta a lograr que los docentes tomen conciencia de lo que ellos mismos hacen como lectores o "escritores", favorece la explicitación de un saber que ya poseen implícitamente y que entra en acción cuando leen o escriben. Conceptualizar en qué consisten el quehacer del escritor y el del lector permite a los docentes construir un marco de referencia que contribuirá a orientar la planificación de las propuestas que plantearán a sus alumnos y de las intervenciones que harán en clase. En efecto, saber –por ejemplo– que la escritura incluye necesariamente la revisión reiterada de lo que se está produciendo fundamentará decisiones del maestro en relación con el tiempo que debe preverse para que la revisión sea posible, con la necesidad de que los alumnos se sientan autorizados a autocorregir sus textos y de generar actividades de sistematización que les permitan elaborar criterios de autocorrección...; del mismo modo, saber que el interjuego anticipación-verificación es una de las claves del acto de lectura sustentará la decisión de planificar situaciones que favorezcan la puesta en juego de esas estrategias por parte de los alumnos y de intervenciones dirigidas a alentar la anticipación del significado cuando los niños se aferran al descifrado o bien la búsqueda de indicios en el texto para confirmar o desechar lo anticipado cuando los alumnos "adivinan" sin verificar.

Cuando se abordan contenidos lingüísticos –como las características de un género literario, las funciones de la puntuación o los recursos posibles para evitar repeticiones innecesarias en los textos que se producen, por ejemplo–, las situaciones se orientan a lograr un conocimiento más profundo por parte de los docentes de aspectos de la lengua que, en la mayoría de los casos, deberán ser explícitamente enseñados a los niños. Esto no significa, por supuesto, que la situación de enseñanza utilizada en el marco de la capacitación sea directamente trasladable al trabajo del aula: después de analizar con los docentes las condiciones didácticas de la situación planteada —es decir, después de cumplir la segunda fase antes descrita—, es necesario discutir en cada caso sobre la pertinencia (o no) de realizar una actividad similar con los niños y proponer a los docentes otras actividades dirigidas a definir cuáles son las condiciones que es necesario asegurar para que los niños puedan apropiarse de esos contenidos.

El quehacer en el aula como objeto de análisis

¿Cuál es la diferencia entre estas situaciones —las que conservamos— y aquellas que hicieron su aparición cuando asumimos que el saber didáctico debía ser el eje de la capacitación? En las situaciones que hemos descrito hasta aquí, la comunicación de conocimiento estrictamente didáctico se produce sólo en el momento en que se reflexiona sobre la forma en que se ha planteado y desarrollado la propuesta (en la segunda fase), en tanto que el conocimiento que se comunica al actuar y reflexionar sobre el contenido (en la primera fase) es lingüístico o psicolingüístico.

Las situaciones que introdujimos luego —las que expresan mejor la transformación producida— se diseñaron con el objeto de comunicar conocimiento didáctico *tanto a través de su forma como a través de su contenido*. Son propuestas que toman como objeto de análisis el conjunto de todas las interacciones que se dan —en el triángulo didáctico— entre el maestro y los alumnos a propósito del objeto a enseñar y a aprender.

Centrarse en el conocimiento didáctico supone necesariamente incluir el aula en el proceso de capacitación, poner en primer plano lo que ocurre realmente en la clase, estudiar el funcionamiento de la enseñanza y el aprendizaje escolar de la lectura y la escritura. Para cumplir este requisito, un instrumento resulta esencial: el registro de clase.

Decidir cuáles son los registros que se analizarán no es fácil, es una decisión que plantea por lo menos los siguientes problemas: ¿hay que utilizar registros de clases conducidas por los participantes o es más conveniente elegir registros de clases coordinadas por docentes que no participan en el taller de capacitación?; ¿cuáles son las situaciones de clase que es más productivo analizar?, ¿hay que seleccionar clases que resultarán "malas" al examinarlas desde el punto de vista de los criterios didácticos que se desea comunicar o bien es preferible que se trate de situaciones "buenas", que estén sólidamente fundamentadas en los criterios didácticos que se sustentan?

Los problemas que acabamos de formular no estaban explícitamente planteados cuando empezamos a utilizar los registros de clase; su formulación misma es resultado de la experiencia y del análisis que hicimos de ella. Probamos diversas alternativas, que en algunos casos fueron llevadas a la práctica sin tener conciencia de que se trataba de alternativas —es decir, creyendo ingenuamente que las situaciones planificadas eran "ideales" para lograr ciertos objetivos— y sin poder prever con exactitud los efectos que producirían.

Nuestra respuesta actual a los problemas planteados puede sintetizarse así:

1. *Las situaciones de clase que es más productivo analizar son las que pueden caracterizarse como "buenas"*, porque son estas situaciones las que permiten explicitar el modelo didáctico con el que se trabaja, porque la reflexión acerca de ellas hace posible discutir sobre las condiciones didácticas requeridas para la enseñanza de la lectura y la escritura, por-

que los interrogantes que el capacitador plantea sobre su desarrollo conducen a elaborar conclusiones positivas acerca de la naturaleza del contenido que se está enseñando y aprendiendo en esa clase así como sobre las intervenciones del docente y los efectos producidos por cada una de ellas, porque el análisis de la presentación del contenido y de los supuestos que se ponen en evidencia sobre el proceso de aprendizaje realizado por los niños genera en los maestros la necesidad de profundizar sus conocimientos tanto sobre el contenido lingüístico en cuestión como sobre el aprendizaje de ese contenido.[3]

Optar por presentar situaciones "buenas" no significa pretender encontrar o producir registros de clases "perfectas". Las clases "perfectas" no existen –al menos, nosotros no hemos tenido nunca la suerte de encontrarlas–. Uno siempre detecta, aun en sus propias clases, errores que hubiera preferido no cometer pero que sólo se hacen evidentes cuando uno ha tomado cierta distancia de la clase y la analiza "en frío", sin estar ya sumergido en el calor de la acción. La aparición de algunos errores en las situaciones analizadas en el marco de la capacitación cumple también un papel positivo, porque permite compartir la imposibilidad de lograr la perfección y aceptar el error como constituyente necesario del trabajo y como objeto de análisis a partir del cual se hace posible progresar.

Ahora bien, ¿por qué no trabajar sobre situaciones "malas"? Cuando comenzamos nuestra tarea como capacitadores, la crítica a la enseñanza usual –basada en los aportes

---

[3] Los contenidos lingüísticos y psicolingüísticos serán trabajados luego a través de otras situaciones, que versarán no sólo sobre aspectos a los que ya nos hemos referido al describir las situaciones de "doble conceptualización", sino también sobre la psicogénesis del sistema de escritura y la apropiación por parte de los niños de otros aspectos del lenguaje escrito.

de las investigaciones psicogenéticas y lingüísticas– ocupaba un lugar muy importante en nuestros talleres. Al analizar los efectos que esto producía, nos dimos cuenta de que ocasionaba dos grandes inconvenientes: por una parte, generaba –a pesar de todos nuestros esfuerzos para evitarlo– una distancia excesiva entre los maestros y los capacitadores, porque los primeros aún ponían en acción muchas de esas prácticas y no tenían muchos elementos para fundamentarlas, en tanto que los segundos las habían desechado y podían explicar ampliamente las razones de esta decisión; por otra parte, las situaciones centradas en la crítica de las prácticas escolares habituales permiten extraer más conclusiones negativas que positivas, llevan a esclarecer qué es lo que *no* hay que hacer pero arrojan poca luz sobre qué es lo que *sí* hay que hacer.

En consecuencia, el trabajo sobre situaciones "malas" corre el riesgo de generar no sólo resistencia ante la propuesta didáctica planteada sino también una dosis excesiva de desconcierto e incertidumbre. Esto resulta doblemente peligroso si se tiene en cuenta que –como tan bien lo ha mostrado Régine Douady (1986)– el modelo didáctico constructivista es en sí mismo fuente de incertidumbre para los maestros.

¿Cuál es el origen de la incertidumbre generada por nuestra propuesta? Ubicar al alumno como productor de conocimientos significa concederle un margen de libertad intelectual mucho mayor de lo que es habitual en la escuela, permitirle que exprese sus conceptualizaciones, crear condiciones para que ponga en juego sus propias estrategias cognoscitivas y para que corra el riesgo de equivocarse sabiendo que el error será considerado como natural y como punto de partida de una nueva reflexión. Para el maestro, esto significa aceptar que no todos sus alumnos aprenderán en el mismo momento ni entenderán de la misma manera lo que él trata de enseñarles, significa reconocer la necesidad de tener en cuenta las diferencias entre las conceptualizaciones y estrategias puestas en acción por sus alumnos y buscar formas de ayudarlos a reconstruir progresivamente el saber que trata de comunicarles... Asumir todo esto es necesariamente difícil para el docente porque él tiene la responsabilidad social –ante la institución, ante los padres, ante los alumnos, ante sí mismo– de lograr que todos sus alumnos aprendan los contenidos establecidos; asumir la distancia entre la enseñanza y el aprendizaje implica una considerable pérdida de seguridad: el maestro se siente inquieto porque no puede ya preverlo todo, porque se plantea interrogantes sobre lo que realmente han entendido sus alumnos, porque teme no poder garantizar que todos aprendan lo necesario, porque le resulta difícil determinar cuánto tiempo le llevará enseñar un contenido, porque se plantea múltiples problemas vinculados con la evaluación tanto de lo que saben los niños como de la efectividad de las situaciones que él ha planteado...

Para brindar a los maestros oportunidades de apropiarse de los conocimientos que les permitan manejar con la mayor seguridad posible las condiciones didácticas de las propuestas que planificarán y los rasgos esenciales de las intervenciones que harán al realizar las actividades, para que estén en condiciones de prever lo que ocurrirá en la clase –las conceptualizaciones o estrategias que los niños utilizarán, las interacciones que tendrán lugar entre ellos, las respuestas de los alumnos frente a las intervenciones del docente–, para que puedan analizar a la luz de lo previsto las respuestas inesperadas que eventualmente aparezcan, es imprescindible centrar el trabajo sobre situaciones de clase "buenas" que muestren –en la medida de lo posible– el desarrollo de propuestas cuyo funcionamiento haya sido previamente estudiado, cuyos efectos sean conocidos porque se han aplicado más de una vez en diferentes contextos.

Como se desprende de lo dicho hasta aquí, los registros utilizados al comienzo de la capacitación deben dar testimonio de clases conducidas por docentes que ya tienen una trayectoria de trabajo enmarcado en el modelo constructivista, que seleccionan actividades y realizan intervenciones productivas para el aprendizaje de los alumnos. Por lo tanto, no se utilizarán en la primera etapa registros de clases conducidas por los maestros que participan como alumnos en el curso de capacitación.

2. *Tomar como objeto de análisis registros de clases coordinadas por los participantes es una tarea que se aborda en una etapa posterior, que resulta delicada –porque someter la propia práctica a la mirada de otros no es fácil y puede dar lugar a situaciones de tensión o competencia que son nocivas para el aprendizaje– y que, por lo tanto, debe estar sujeta, según indica nuestra experiencia, a ciertos requisitos:*

A) Iniciar el análisis de las clases conducidas por los participantes sólo después de que ellos hayan adquirido conocimientos didácticos suficientes como para que sus propuestas tengan fundamentos sólidos y ellos estén preparados para explicitar las razones de sus decisiones.

B) Crear en el grupo un clima de cooperación, en el que se alienten la reflexión conjunta y la crítica constructiva y se desaliente todo comentario que obstaculice el aprendizaje compartido.

C) Dar tiempo para que los maestros adquieran seguridad en su propio trabajo y se sientan capaces de correr el riesgo de hacerlo público.

D) Planificar con los maestros las clases que serán registradas y analizadas, con el objeto de discutir profundamente con ellos las razones de sus decisiones y de aportar toda la información necesaria para que la clase resulte fructífera.

E) Propiciar que cada maestro tenga posibilidades de elegir el observador que registrará sus clases: otro maestro con quien ha acordado observaciones mutuas, el bibliotecario, un miembro del gabinete psicopedagógico o de la dirección, un integrante del equipo de capacitadores... Por supuesto, es importante que el que registre conozca los objetivos de la actividad, la planificación realizada, lo que se prevé que sucederá. Puede ocurrir también que algunos maestros prefieran empezar por grabar ellos mismos sus clases –manteniendo provisoriamente la privacidad en que suele desarrollarse la tarea docente–, antes de atreverse a la exposición que significa compartirlas con un observador.

F) El maestro que condujo la clase tiene derecho a ser el primero en analizarla y a hacerlo en privado. Esto permite que, cuando la presente ante sus compañeros, esté ya en condiciones de incluir una autocrítica de lo hecho. De este modo, el responsable de la clase detecta por sí mismo elementos importantes al tener la oportunidad de "observarse desde afuera", de analizar sus acciones objetivadas en el papel y, además, la discusión posterior que se realiza en el grupo resulta mucho más fluida.

En estas condiciones, el análisis de actividades llevadas a cabo por los participantes en el taller es muy enriquecedor: permite comparar lo planificado con lo efectivamente realizado y analizar las razones de las modificaciones producidas en el curso de la actividad, hace posible tender un puente entre los conocimientos que se han ido adquiriendo en el marco del taller y lo que se hace cotidianamente en el aula, lleva a poner en evidencia la mayor o menor coherencia entre lo que se sostiene y lo que se hace, permite a cada maestro detectar hechos o problemas de los que no había tomado conciencia, abre un espacio en el cual es posible discutir y elaborar con otros las soluciones posibles para los problemas que cada uno confronta.

3. *Tener en cuenta las posibilidades y limitaciones de los registros de clase permite amplificar su papel en el proceso de capacitación.*
Las cuestiones que resulta fundamental considerar para realizar un trabajo realmente productivo con los registros de clase –tanto con los utilizados en la primera etapa como con los realizados por los maestros participantes–, son las siguientes:

En primer lugar, es importante recordar que los registros no son transparentes, no son autosuficientes para poner en evidencia los contenidos que se quiere comunicar a través de su análisis. Lo que cada maestro puede observar en una clase está determinado por sus saberes previos, por su propia experiencia o por su propia inexperiencia (A. Robert, 1991). Como nos lo indica un conocido refrán, "todo es del color del cristal con que se mira".

¿Qué hacer entonces para que estas situaciones permitan avanzar, dejen ir perfeccionando el cristal a través del cual se analizan las clases? Un recurso importante en este sentido es la *comparación entre distintas situaciones* –pueden ser actividades diferentes que apuntan a un mismo objetivo o bien diferentes versiones de una misma situación– porque, al encontrar semejanzas y diferencias, se pone de manifiesto más claramente cuáles son las variables que están en juego.

Algunos señalamientos del capacitador pueden también generar progresos: llamar la atención sobre ciertas intervenciones del maestro y discutir su pertinencia, recordar una cuestión trabajada anteriormente que puede relacionarse con el contenido presente, aportar nuevas informaciones o remitir a bibliografía que contribuya a hacer observable para los maestros lo que todavía no lo es...

En segundo lugar, es necesario poner de relieve aquello que será *reproductible*, que puede ser válido para otras aplicaciones de la misma situación o incluso para otras situaciones. El interés por tomar las clases como objeto de estudio se deriva –como también señala A. Robert– de la hipótesis de que existen regularidades, de que hay aspectos necesarios que tendrán lugar cada vez que se lleve a la práctica, en ciertas condiciones, determinada situación didáctica (y también, por supuesto, aspectos contingentes, que variarán en función del maestro, del grupo, de la institución...). Habría que evitar entonces el riesgo de que los maestros vean en los registros sólo lo que es más variable, lo que más depende de los individuos particulares que están involucrados en la situación. El desafío es justamente buscar las regularidades que pueden ponerse de manifiesto a través de la situación analizada, y el capacitador puede orientar en esa dirección a través de sus intervenciones, haciendo –por ejemplo– señalamientos como los siguientes: "En este caso, el maestro convalidó la respuesta correcta que apareció enseguida y los otros niños dejaron de discutir, ¿ocurrirá lo mismo en otros casos?" "Los chicos no revisaron por sí mismos lo que habían escrito y el maestro tuvo que sugerirlo, ¿en qué condiciones ocurre esto?, ¿cuáles son las condiciones que permiten lograr que los alumnos tomen la responsabilidad de revisar sus escritos?"

En tercer lugar, hay que tener en cuenta que algunos aspectos fundamentales de la situación son invisibles: en los registros no aparecen explícitamente las conceptualizaciones del maestro acerca del contenido que está enseñando ni las ideas que sustentan las decisiones que toma en el curso de la clase, ni las hipótesis que están detrás de lo que dicen los niños. Sin embargo, es posible detectar rastros de esas representaciones implícitas y promover, a partir de ellos, inferencias de los participantes con el objeto de recuperar los criterios que sustentan las acciones manifiestas: ¿por qué el maestro hizo tal o cual pregunta?, ¿cuál es su concepción sobre el error?, ¿actúa de la misma manera frente a todos los errores?; ¿por qué no intervino en tal momento?, ¿qué habrá pensado?; ¿cómo está conceptualizando el objeto?, ¿qué supone que aprendieron sus alumnos?... Interrogantes similares pueden plantearse en relación con la participación de los chicos: ¿qué indica esta respuesta?, ¿qué sentido le estarán atribuyendo a esta cuestión?, ¿puede inferirse a partir de lo expresado por los niños la existencia de algún conflicto entre sus diferentes conceptualizaciones?...

En algunos casos, a partir de los registros de clase también es posible inferir algunos aspectos vinculados con la planificación –cuáles fueron las previsiones del maestro, en qué se basaron, por qué habrá preparado determinado material o actividad auxiliar...–, así como con las conclusiones que podría extraer, al evaluar el desarrollo de la situación, acerca de lo que los niños aprendieron o no y de las actividades que sería necesario plantearles para ampliar o reorientar lo aprendido.

Por otra parte, como toda clase forma parte de una unidad mayor y su interpretación puede resultar mucho más ajustada cuando se conoce el contexto del cual fue extraída, resulta particularmente interesante –cuando existe la posibilidad de hacerlo– analizar la planificación del proyecto o secuencia en el cual está incluida la situación de clase analizada y formular hipótesis sobre lo que podría ocurrir al desarrollarlos, sobre lo que los niños podrían aprender como resultado de ciertas intervenciones docentes, sobre las diversas opciones que el maestro podría tomar.

Por último, es importante tener en cuenta que el registro de clase es realizado en general por una persona ajena al grupo y que suelen encontrarse indicios que muestran la influencia que esta presencia tiene en el desarrollo de la situación. Recíprocamente, la observación de una clase suele tener –como ha señalado C. Margolinas (1992)– un eco muy personal en el observador y es importante tener en cuenta sus reacciones en el transcurso de la situación porque éstas –aunque suelen pasar inadvertidas cuando no se ha explicitado la necesidad de detectarlas– pueden aportar elementos de interés para comprender lo ocurrido en la clase.

Así enfocado, el análisis de registros de clase opera como columna vertebral en el proceso de capacitación, porque es un recurso insustituible para la comunicación del conocimiento didáctico y porque es a partir del análisis de los problemas, propuestas e intervenciones didácticas como adquiere sentido para los docentes profundizar en el conocimiento del objeto de enseñanza y de los procesos de aprendizaje de ese objeto por parte de los niños. Tomar como eje de la capacitación el conocimiento didáctico es reconocer que los problemas planteados en el aula son problemas específicos que requieren soluciones también específicas. Sin embargo, centrarse en el saber didáctico no significa de ningún modo –como se habrá podido observar a lo largo de estas páginas– dejar de lado los aportes de las otras ciencias, significa por el contrario abrir la posibilidad de que los maestros acudan a ellos a partir de interrogantes suscitados por la enseñanza y el aprendizaje, intentando encontrar los elementos necesarios para manejar mejor los saberes que deben ser enseñados, para comprender mejor los interrogantes y las conceptualizaciones de los alumnos.

PALABRAS FINALES

No podemos terminar este capítulo sin hacer dos observaciones: la primera de ellas se refiere a la posición asumida por los participantes en los procesos de capacitación que han mostrado ser fecundos y la segunda se relaciona con la necesaria vinculación entre capacitación e investigación didáctica.

Nunca se pidió a los docentes –señalan Kaufman, Castedo y Molinari (1991)[4]– que abandonaran sus prácticas habituales. Por el contrario, sostuvimos una y otra vez que debían enseñar de la manera en que sabían hacerlo y que irían modificando solamente aquellos aspectos que les resultara imperativo modificar. Esta actitud facilitó mucho más las transformaciones que una excesiva crítica y una compulsividad por el cambio que muy frecuentemente hace caer al docente en una práctica anómica: abandona su anterior manera de enseñar (muchas veces no porque esté muy convencido, sino porque está muy criticado), pero no logra remplazarla por otra práctica organizada y coherente.

Y, al analizar el proceso realizado por una maestra que participaba del trabajo de investigación, Mirta Castedo (1991) destaca dos hechos que considera fundamentales para explicar las razones que hicieron posible sus progresos: esta maestra sólo aceptó realizar –entre las situaciones sugeridas en el proceso de capacitación– aquellas actividades que consideraba convenientes para sus alumnos y para su escuela; por otra parte, nunca dejó de repensar o analizar críticamente las propuestas que se le hacían y siempre discutió sus ideas con sus pares.

Para que el proceso de capacitación resulte fecundo, dos condiciones parecen necesarias: por una parte, que el capacitador se esfuerce por entender los problemas que plantean los maestros, por comprender por qué piensan lo que pien-

---

[4] Se trata de un trabajo aún inédito, que es producto de la indagación sobre el proceso de capacitación realizada en el marco de la investigación coordinada por este equipo en la Dirección de Investigaciones Educativas (DIE) de la Provincia de Buenos Aires.

san o por qué deciden adoptar tal propuesta y desechar tal otra; por otra parte, que los maestros se sientan autorizados a actuar en forma autónoma, que tengan razones propias para tomar y asumir sus decisiones.

Señalemos, finalmente, que la capacitación podrá resultar mucho más efectiva cuanto mejor conozcamos los hechos didácticos, cuanto más preciso sea nuestro saber acerca de la enseñanza y el aprendizaje escolar de la lectura o la escritura, cuanto más avancemos en el análisis de los procesos de comunicación del conocimiento didáctico a los maestros. Avanzar en la investigación didáctica sobre el trabajo en el aula y sobre la capacitación permitirá ayudar más a los maestros en su difícil tarea.

BIBLIOGRAFÍA

Capítulo 1
Baudelot, C. y R. Establet (1971), *L'école capitaliste en France*, París, Maspéro.
Bourdieu, P. y J.C. Passeron (1970), *La Reproduction. Éléments pour une théorie du système d'enseignement*, París, Éditions de Minuit.
Chevallard, Yves (1997), *La transposición didáctica*, Buenos Aires, Aique. (Publicación original en francés, 1985.)
Lahire, Bernard (1993), *Culture écrite et inégalités scolaires*, Presses Universitaires de Lyon.
Lerner, D, L. Lotito, H. Levy y otros, *Documentos de Actualización curricular en Lengua*, núms. 2 y 4, Secretaría de Educación del Gobierno de la Ciudad de Buenos Aires, 1996 y 1997.

Capítulo 2
Brousseau, Guy (1986), "Fondements et méthodes de la didactique des mathématiques", en *Recherches en didactiques des mathematiques*, Grenoble, La Pensée Sauvage, vol. 7, núm. 2.
——— (1988), "Los diferentes roles del maestro", en C. Parra, I. Saiz (comps.), *Didáctica de matemáticas*, Buenos Aires, Paidós 1994.
——— (1990 y 1991), "¿Qué pueden aportar a los enseñantes los diferentes enfoques de la Didáctica de las Matemáticas?", primera y segunda partes, en *Enseñanzas de las ciencias*, Revista de la Universidad de Barcelona, 1990, 8, (3), p.p. 259-267, y 1991, 9, (1), p.p. 10-21.
Coll, César (1993), "Constructivismo intervención educativa: ¿cómo enseñar lo que se ha de construir?", *Revista FLACSO*, Buenos Aires.
Charolles, Michel (1986), "L'analyse des processus rédactionnels: aspects lingüísticos, psychologiques et didactiques", en *Pratiques* núm. 49, Metz, Francia.
Chevallard, Yves (1982), "A propos de l'ingénierie didactique", Segunda escuela de verano de Didáctica de las Matemáticas, Francia.
——— (1983), "*Remarques sur la notion de contrat didactique*", IREM de Aix-Marseille. Faculté de Sciences Sociales de Lumény.
——— (1984), *Sur le temps didactique*, IREM de Aix-Marseille II.
——— (1985), *La transposition didactique*, Francia, La Pensée Sauvage.
Ferreiro, Emilia y Ana Teberosky (1979), *Los sistemas de escritura en el desarrollo del niño*, México, Siglo XXI.
Ferreiro, Emilia (comp.) (1989), *Los hijos del analfabetismo*, México, Siglo XXI.
Graves, Donald (1991), *Didáctica de la escritura*, Madrid Ediciones Morata - Ministerio de Educación y Ciencia.
Hayes, John R. y Linda Flower (1986), "*Writing research and the Writer*", en *American Psychologist*, vol. 41, núm. 10, pp. 1106–1113.
——— (1994), "La teoría de la redacción como proceso cognitivo", en *Textos en Contexto*, Buenos Aires, Asociación Internacional de Lectura.

Lerner, Delia y Alicia Pizani (1992), *El aprendizaje de la lengua escrita en la escuela,* Buenos Aires: Aique. (Edición original: Caracas, Kapelusz Venezolana, 1990.)
McCormick Calkins, Lucy (1993), *Didáctica de la escritura en la escuela primaria y secundaria.* Buenos Aires, Aique.
Nemirovsky, Myriam e Irma Fuenlabrada (1988), *Formación de maestros e innovación didáctica,* México, DIE.
Nemirovsky, Myriam (1990), "Priorizar: un problema en la capacitación de maestros", ponencia presentada en el Simposio Nacional sobre procesos de adquisición de la lengua escrita y la matemática Universidad Pedagógica Nacional, Aguas calientes, México.
Prévert, Jacques (1949), *Paroles,* Francia: Editions Gallimard.
Rockwell, Elsie (1982), "Los usos escolares de la lengua escrita", en E. Ferreiro y M. Gómez Palacio (comps.), *Nuevas perspectivas sobre los procesos de lectura y escritura,* México, Siglo XXI.
Scardamalia, M. y C. Bereiter (1992), "Dos modelos explicativos de los procesos de composición escrita", en *Infancia y Aprendizaje* núm. 58, Madrid.
Smith, Frank (1983), *Comprensión de la lectura,* México, Trillas.

Capítulo 3
Bronckart, J. P. y B. Schneuwly (1996), "La didáctica de la lengua materna: el nacimiento de una utopía indispensable" en *Textos de Didáctica de la Lengua y la Literatura* núm. 9, Barcelona.
Coll, César (1993), "Constructivismo e intervención educativa: ¿cómo enseñar lo que se ha de construir?", en *Revista FLACSO*.
Chevallard, Yves (1997), *La transposición didáctica,* Buenos Aires, Aique. (Publicación original en francés, 1985.)
Hébrard, Jean (1993), "L'autodidaxie exemplaire. Comment Valentin Jamerey-Duval appritil a lire?" en R. Chartier (coord.), *Pratiques de lecture,* París, Petite Bibliotheque Payot.
Lerner, D., L. Lotito, E. Lorente, H. Levy, S. Lobello, y N. Natale, "Documentos de Actualización Curricular" en *Lengua* núm. 2 (1996) y núm. 4 (1997), Dirección de Currículum - Secretaría de Educación del Gobierno de la Ciudad de Buenos Aires.
Olson, David R. (1998), *El mundo sobre el papel.* Barcelona, Gedisa.
Pennac, Daniel (1993), *Como una novela,* Barcelona, Anagrama.
Verbitsky, Horacio (1997), "Lilíada", artículo publicado en *Página 12,* Buenos Aires, 23 de mayo.

Capítulo 4
Brousseau, Guy (1986), "Fondements et méthodes de la didactique des mathématiques", en *Recherches en didactique des mathematiques,* Grenoble, La Pensée Sauvage, vol. 7 núm. 2.
Castedo, Mirta L. (1995), "Construcción de lectores y escritores", en *Lectura y vida,* año 16, núm. 3.
Chevallard, Yves (1997), *La transposición didáctica,* Buenos Aires, Aique. (Publicación original en francés, 1985.)
Dubois, M. E. (1984), "Algunos interrogantes sobre la comprensión de la lectura", en *Lectura y vida,* año 5, núm. 4.
Ferreiro, Emilia (1994), "Diversidad y proceso de alfabetización: de la celebración a la toma de conciencia", en *Lectura y vida,* año 15, núm. 3.
Polidoro, Haydée y equipo de la Escuela núm. 183 de La Matanza 1993, "¿Periódico escolarizado o periódico realizado en la escuela?", Provincia de Buenos Aires.
Solé, Isabel (1993), *Estrategias de lectura,* Barcelona, Grao.

Capítulo 5

Brousseau, Guy (1986), "Fondements et méthodes de la didactique des mathématiques", en *Recherches en didactique des mathematiques*, Grenoble, La Pensée Sauvage, vol. 7, núm. 2.

────── (1988), "Los diferentes roles del maestro", en Parra, C., I. Saiz. (comps.), *Didáctica de matemáticas*, Buenos Aires, Paidós.

Castedo, Mirta L. (1991), "Trayectoria de una maestra del ejercicio a la escritura y de la palabra al texto", en *Lectura y vida*, Buenos Aires, año 12, núm. 2.

Charolles, M., S. Fisher y J. Jayez (1990), *Le discours. Représentations et interprétations*, Presses Universitaires de Nancy.

Douady, Régine (1986), "Jeux de cadres et dialectique outil-objet", en *Recherches en didactique des mathematiques*, Grenoble, Editions La Pensée Sauvage.

Fayol, M. y B. Lété (1987), "Ponctuation et connecteurs: une approche textuelle et génétique", en *Pratiques*, Metz.

Ferreiro, E. y A. Teberosky (1979), *Los sistemas de escritura en el desarrollo del niño*, México, Siglo XXI Editores.

Goodman, Kenneth (1982), "El proceso de lectura: consideraciones a través de las lenguas y del desarrollo", en Ferreiro y Gómez Palacio (comps.), *Nuevas perspectivas en los procesos de lectura y escritura*, México, Siglo XXI Editores.

Halliday, M. A. K. y R. Hassan (1976), *Cohesion in English*, Londres, Longman.

Hayes, J. y L. Flower (1986), "Writing, Research and the Writer", en *American Psychologist*, vol. 41, núm. 10.

Kaufman, A. M., M.L. Castedo y M.C. Molinari (1991), *Algunas reflexiones sobre la transformación del rol del docente alfabetizador* (esquema preliminar para un trabajo aún inédito).

Margolinas, Claire (1992), "Éléments pour l'analyse du rôle du maître: les phases de conclusion", en *Recherches en didactiques des mathematiques*, vol. 12/1, Grenoble, La Pensée Sauvage.

Robert, A. y R. Douady (1991), "Questions sur la formation, sur l'observation en formation" (texto presentado en la Escuela de Verano en agosto).

Smith, Frank (1983), *Comprensión de la lectura*. Trillas, México.

Van Dijk, Teun A. (1980), *Texto y contexto*, Madrid, Cátedra.

────── (1983), *La ciencia del texto*, Barcelona, Paidós Comunicación.

ÍNDICE

Prólogo 7

Variaciones sin fuga 17

Nota introductoria 21

Capítulo 1
**Leer y escribir en la escuela:
lo real, lo imposible y lo necesario** 25
    Dificultades involucradas
    en la escolarización de las prácticas 28
    Tensiones entre los propósitos escolares
    y extraescolares de la lectura y la escritura 29
    Relación saber-duración versus preservación del sentido 30
    Tensión entre dos necesidades institucionales:
    enseñar y controlar el aprendizaje 31

Capítulo 2
**Para transformar la enseñanza
de la lectura y la escritura** 39
    ¿Cuál es el desafío? 39
    En la escuela, ¿es factible el cambio? 42
    La capacitación: condición necesaria pero no suficiente
    para el cambio en la propuesta didáctica 46
    Acerca de la transposición didáctica:
    la lectura y la escritura como objetos de enseñanza 49

Acerca del "contrato didáctico" 54
Herramientas para transformar la enseñanza 58

Capítulo 3
Apuntes desde la perspectiva curricular 81
Acerca de los problemas curriculares 83
Construir el objeto de enseñanza 84
Caracterizar el objeto de referencia:
las prácticas de lectura y escritura 90
Explicitar contenidos involucrados en las prácticas 95
Preservar el sentido de los contenidos 100
Los quehaceres del lector en la escuela:
tensiones y paradojas 103

Capítulo 4
¿Es posible leer en la escuela? 115
La realidad no se responsabiliza por la pérdida de sus (nuestras)
ilusiones (o No. No es posible leer en la escuela) 119
La escuela como microsociedad de lectores y escritores
(o Sí. Es posible leer en la escuela) 125
El sentido de la lectura en la escuela:
propósitos didácticos y propósitos del alumno 126
Gestión del tiempo, presentación de los contenidos
y organización de las actividades 139
Acerca del control: evaluar la lectura y enseñar a leer 147
El maestro: un actor en el rol de lector 152
La institución y el sentido de la lectura 157

Capítulo 5
**El papel del conocimiento didáctico
en la formación del maestro** 165
El conocimiento didáctico
como el eje del proceso de capacitación. 165

Acerca de conservaciones y transformaciones 173
　Las situaciones de "doble conceptualización" 173
　El quehacer en el aula como objeto de análisis 178
Palabras finales 188

Bibliografía 191